Il était une fois une vache

Éliminez les excuses et passez à l'action !

Dr Camilo Cruz

Éditions du trésor caché

Il était une fois une vache
Édition originale publiée en anglais par Brainstorm Press, Sunrise, FL (É.-U.)
sous le titre :
Once upon a cow

ÉDITIONS DU TRÉSOR CACHÉ
2-36, rue de Varennes
Gatineau, (Québec) Canada
J8T 0B6
Tél. : (819) 561-1024
Téléc. : (819) 561-3340
Courrie : editions@tresorcache.com
Site web : www.tresorcache.com

Traduction : Caroline Charland
Infographie : Roseau Infographie, Inc.

Dépôt légal – 2009
Bibliothèque nationale du Québec
Bibliothèque nationale du Canada

Gouvernement du Québec – Programme de crédit d'impôt pour l'édition de livres – Gestion SODEC

ISBN 978-2-922405-63-7

Imprimé au Canada sur du papier 100% recyclé

Diffusion / distribution :
Canada : Messageries ADP, Longueuil (Québec), (450) 640-1234
Europe : Interforum editis, Contact France : Messageries ADP, Ivry sur Seine : +33 (0)1 49 59 11 56/91
Europe (marchés spéciaux) : WMI Sarl, www.libreentreprise.com

Le Dr Cruz est destiné à exercer une influence mondiale incommensurable grâce aux messages contenus dans ses livres. Une des sommités de l'industrie de l'art oratoire, il est appelé à modifier le cours des choses à l'échelle du monde entier. La sagesse, l'intelligence et les idées qu'il partage sont aussitôt applicables par le lecteur désireux d'agir.

— Mark Victor Hansen,
cocréateur de *Chicken Soup for the Soul*

Grâce à ses ouvrages, le Dr Cruz ne manquera pas d'avoir un effet important sur les générations à venir. Le ton enthousiaste de ses présentations est un élément clé quand il s'agit d'encourager les gens à devenir des étudiants en succès. Sa capacité d'inspirer les autres et de les motiver à réaliser leurs objectifs aura une influence positive sur le leadership de nos collectivités.

— Edward James Olmos,
acteur et cofondateur des Latino Book & Family Festivals

Le Dr Cruz est un homme puissant, persuasif et intense qui a transformé le monde. Je prédis que ce penseur, qui est à la fois conférencier et auteur, fera connaître de nouveaux sommets au marché latino-américain.

— Brian Tracy,
auteur et conférencier

Il était une fois une vache

À ma merveilleuse femme Shirley dont l'amour
et l'appui inconditionnels ont tout rendu possible.
À mes enfants aimants Richard, Mark et Daniel.
De tous les titres (de professeur, d'entrepreneur,
de scientifique, d'auteur, et ainsi de suite) que l'on
m'a conférés, celui que j'affectionne le plus,
c'est celui de « papa ».

Préface

Cela fait trente ans que j'écris des livres sur le succès. Qu'est-ce que le succès? Que faut-il pour réussir? Pourquoi certaines personnes réussissent-elles presque sans effort, tandis que d'autres semblent ne pas aboutir à grand-chose en dépit d'années de travail?

Je sais par expérience, pour avoir observé des milliers de gens du monde entier, que les personnes qui réussissent, où qu'elles soient, ont au moins une chose en commun: elles ne cherchent jamais d'excuses pour expliquer ce qui est, ni ne se plaignent de ce qui n'est pas. Les personnes qui réussissent prennent simplement le taureau par les cornes pour faire avancer les choses. Bien sûr, elles ne réussissent pas nécessairement du premier coup, mais les gagnants n'abandonnent jamais. S'ils font un faux pas, ils retournent aussitôt dans le jeu.

J'ai remarqué que bien que la plupart d'entre nous aspirent à la grandeur, trop souvent nous nous contentons d'une seconde place. Nous voulons vivre notre vie pleinement, et pourtant bon nombre d'entre nous ne font que survivre. La plupart des gens, s'étant habitués à une zone de confort, découvrent très vite qu'ils sont passés à côté de toutes les choses merveilleuses que la vie a à offrir. Une des leçons que j'ai apprises, c'est que pour obtenir des résultats extraordinaires dans la vie, il faut commencer par nous défaire de toutes ces excuses qui nous empêchent de réaliser notre véritable potentiel.

Dans bon nombre d'ouvrages sur le développement personnel et professionnel, on a recours à des métaphores ou à des histoires courtes pour illustrer l'importance de certaines attitudes et idées essentielles au succès. *Il était une fois une vache* illustre clairement ce qui peut se passer si nous laissons notre vie être gouvernée par des excuses. C'est certainement la meilleure métaphore que j'aie eu l'occasion de lire sur comment éradiquer la médiocrité de notre vie.

La vache symbolise toutes les excuses, habitudes et justifications qui nous empêchent de vivre pleinement. Cette histoire merveilleusement bien écrite ne manquera pas de captiver votre cœur et de vous mettre au défi d'éliminer toute excuse, ou comme l'écrit le Dr Cruz, de « tuer vos vaches ».

La vérité, c'est que nous charrions tous bien plus de « vaches » que nous ne voulons l'admettre. La plupart d'entre nous ont tendance à se servir de justifications dans l'espoir de convaincre les autres et nous-mêmes que la situation n'est pas aussi déplorable qu'elle semble. Nous disposons de toute une gamme d'excuses et d'explications pour justifier les choses que nous devrions accomplir, mais que nous n'accomplissons pas.

Le présent livre nous permet de développer une bonne perception de ce que nous pouvons réaliser lorsque nous décidons enfin de nous débarrasser des prétextes et des croyances qui limitent notre vie. Il contient un plan par étapes qui nous permet de vivre une vie où tous les rêves sont réalisables.

Grâce à ses livres, le Dr Cruz est destiné à métamorphoser le monde. Il partage une sagesse, un brio et des idées aussitôt applicables par ses lecteurs, et permet à ces derniers de mettre en œuvre dès aujourd'hui des stratégies précises visant à transformer leur vie à tout jamais.

J'espère que vous accepterez ce défi, abandonnant toute idée de vous contenter de moins que ce que vous méritez vraiment dans la vie. Je pense que le présent livre vous plaira autant qu'à moi et j'espère que vous vous accorderez la chance de connaître une vie exempte de médiocrité, ouverte à la grandeur réservée aux personnes qui osent caresser des rêves grandioses.

—Mark Victor Hansen

Introduction

« Il était une vache est un livre formidable… pour les autres. » C'est ce que je pensais avant d'arriver à la partie des vaches qui s'applique à moi. Je suis une personne compétente, pointilleuse, qui réussit assez bien. Je n'ai pas besoin d'excuses pour éviter certaines tâches. Jusqu'alors, je réussissais à convaincre les autres, mais aussi moi-même, que mes « raisons » de ne pas faire quelque chose reposaient sur la logique. En lisant le présent livre, j'ai compris que toutes ces raisons, presque sans exception, dissimulaient une vache plus profonde. Oui, j'ai des vaches superposées. Derrière toutes ces vaches en apparence intelligentes se cache la Crainte. Ce que je sais maintenant, c'est que je ne veux pas que celle-ci prenne les décisions à ma place. Maintenant, lorsque je m'entends bredouiller une excuse, je cherche la Crainte, et si je la trouve, je sais que je dois aller affronter l'obstacle en question, et ce, immédiatement !

— MARGARET MILLER, DAYTON, EN OHIO

Tout comme les peintres et les compositeurs puisent leur inspiration dans la nature et dans ce qui les entoure, les auteurs, particulièrement ceux qui œuvrent dans le domaine du développement personnel, puisent leur inspiration dans leur interaction avec les gens.

Il m'est arrivé, il y a des années, de faire toute une présentation sur une seule citation d'Albert Einstein que quelqu'un avait portée à mon attention lors d'une séance d'autographes. Les pépites d'or de ce type agissent en quelque sorte comme des catalyseurs, faisant monter la sève créatrice. Il suffit parfois d'un mot ou d'une idée pour qu'un chapitre prenne forme dans votre esprit.

J'ai toujours eu beaucoup de chance, en ce sens que lorsque les gens apprennent que j'écris des livres sur le développement personnel, ils me parlent des livres et des auteurs qui les ont le plus touchés ou inspirés. D'autres me font part de leurs histoires et anecdotes préférées ou des expériences qui leur tiennent à cœur. Il va sans dire que cela a toujours été une source illimitée d'inspiration pour mon travail.

En fait, c'est lors d'un vol entre New York et Buenos Aires, il y a plusieurs années, que j'ai entendu la première fois l'histoire captivante de cette vache en apparence sans importance. C'est une femme remarquable que j'eus la chance d'avoir comme voisine de siège qui me l'a racontée. Les vols de nuit quittant généralement l'aéroport Kennedy de New York vers dix-neuf heures, aux alentours de minuit, quand vous avez fini de dîner, dessert compris, et que le premier film est terminé, il vous reste encore cinq longues heures à passer.

Si vous ne pouvez pas dormir, comme c'est souvent mon cas, il ne vous reste plus qu'à essayer de passer le temps en engageant la conversation avec votre voisin. C'est ainsi que j'entamai un dialogue qui nous amena à parler de notre travail, de notre famille et du temps que nous passions à voyager. Puis, après l'inévitable échange de cartes de visite, nous nous mîmes à parler de nos carrières et de nos intérêts professionnels.

Et c'est ainsi, très confortablement installé dans la cabine d'un Boeing 777 moderne, tandis que nous survolions l'Amérique du Sud au petit matin, que j'entendis pour la première fois l'histoire de cette vache très ordinaire, quoique bien instructive. Depuis lors, j'en ai entendu une ou deux autres versions. Il est clair que ce que vous lirez dans ce livre, c'est ma propre interprétation des événements. Je dois vous prévenir : tout comme le stipule l'avertissement qui se trouve à la fin de tous les bons romans policiers, toute ressemblance avec des situations réelles ou avec des personnes existantes ou ayant existé ne saurait être que fortuite – elle peut cependant être tout à fait voulue.

Fait intéressant, la première fois que j'ai raconté cette histoire lors d'un atelier, je n'en ai eu que pour deux ou trois minutes. J'ai remarqué cependant que chaque fois que je la racontais, elle devenait de plus en plus longue. C'était un peu comme un feuilleton télévisé où de nouveaux personnages font leur apparition au fil des émissions pour nous apporter de nouveaux éléments ou enseignements. Il arrivait parfois que des intrigues se déroulent en parallèle, et mon récit devenait plus détaillé et plus spectaculaire que je ne l'aurais imaginé.

J'ai dû raconter cette histoire à des centaines de milliers de personnes du monde entier au cours des quelques dernières années. Un jour, un homme d'affaires de Salt Lake City qui assistait à l'une de mes présentations m'a demandé si je voulais bien la lui envoyer par courrier électronique afin qu'il puisse en faire part à ses employés.

À cette occasion en particulier, j'avais dû employer un peu plus de deux heures au récit de ma version soigneusement élaborée que j'avais rehaussée de points détaillés et d'une liste de leçons à tirer. Bien que désireux de satisfaire cette requête, je ne pouvais pas me contenter de résumer cette métaphore impressionnante. Je décidai donc, une fois pour toutes, de raconter par écrit l'histoire complète et tragique de la vache.

Et c'est ainsi qu'*Il était une vache* vit le jour.

Plein d'enthousiasme, je me mis à découvrir et à dévoiler tous les défis et toutes les occasions que révèle cette merveilleuse métaphore. Impatient de voir la réaction de mes lecteurs et ne voulant pas attendre que le long processus de publication ait suivi son cours, je décidai de publier la première édition de mon récit en langue espagnole sous forme de cyberlivre. Je me disais que ce serait le moyen le plus rapide d'évaluer la réaction des lecteurs. Je fus merveilleusement surpris. En moins de quatre mois, plus de 250 000 personnes avaient téléchargé mon livre dans plus de 100 pays.

Bien sûr, mon intention initiale n'était pas de faire télécharger mon livre par tous ces gens, mais bien de le leur faire *lire*. Passant donc à l'étape suivante, j'envoyai un courriel à mes lecteurs, sans toutefois leur demander s'ils avaient lu mon livre, car je sais par expérience que les gens répondent par l'affirmative à ce genre de question, même s'ils n'ont fait que parcourir la couverture. Je leur demandai plutôt s'ils s'étaient libérés de certaines « vaches » dans leur propre vie. Je sais bien que vous ne savez probablement pas encore ce que j'entends par là, mais je vous l'expliquerai sous peu.

La réponse fut tout aussi surprenante. En moins de deux semaines, plus de dix mille lecteurs décidèrent de partager leur propre histoire, me racontant comment mon livre les avait inspirés et leur avait permis de se débarrasser de leurs excuses et d'aller au-devant de ce qu'ils souhaitaient dans la vie. Bon nombre d'entre eux décrivirent la façon dont, ayant affronté leurs limites et les ayant abolies une fois pour toutes, ils avaient réussi à métamorphoser leur vie.

Qui plus est, ces personnes voulaient que leur expérience personnelle serve d'inspiration aux autres. Elles m'encouragèrent donc à faire publier leurs luttes intimes. J'ai inséré quelques-unes de ces histoires dans la présente version imprimée afin que vous puissiez lire le récit de ces gens qui ont osé surmonter leurs limites et vivre une vie extraordinaire.

L'histoire de la vache traite du processus d'abandon des mauvaises habitudes, des excuses et des croyances limitatives qui retiennent les gens dans la médiocrité. J'ai toujours été convaincu que le véritable ennemi du succès, ce n'est pas l'échec, comme peuvent le penser certains, mais la médiocrité, c'est-à-dire l'idée que nous pouvons « tout juste nous en sortir ».

Les échecs peuvent nous servir de tremplin vers une vie prospère. Ils nous permettent de tirer des leçons importantes. Sans eux, nous pouvons ne jamais prendre conscience des habitudes ou des comportements qu'il nous faut changer pour progresser. Il faut de l'adversité pour générer du succès.

La médiocrité, d'un autre côté, n'a rien à nous enseigner ; il n'y a aucune leçon à en tirer. En fait, lorsque nous nous contentons d'une existence médiocre, le processus d'apprentissage s'arrête complètement. C'est pourquoi je vous conjure d'éviter la médiocrité à tout prix. Je sais que certaines personnes fuient les échecs comme la peste parce qu'elles ont appris à les craindre. Toutefois, je suis convaincu que mieux vaut investir notre temps à nous défaire de toutes les excuses et les fausses croyances qui engendrent la médiocrité que d'essayer d'empêcher ou d'éviter tout échec potentiel dans la vie.

La métaphore intemporelle de la vache illustre à la fois les effets dévastateurs d'idées en apparence inoffensives nichées dans notre esprit et les changements profonds auxquels nous pouvons nous attendre lorsque nous décidons enfin de nous débarrasser de nos excuses.

J'espère sincèrement que chacun de vous trouvera sa propre leçon parmi les lignes de ce récit. Cependant, si vous vous apercevez que vous n'avez rien appris du tout… c'est peut-être justement *là* votre vache !

CHAPITRE 1

L'histoire d'une vache

J'avais l'impression que la plupart de mes échecs étaient le résultat direct ou indirect des actions des autres. Je mettais toujours la faute de mes revers sur ma femme, sur mon patron, sur mon équipe, sur mes parents ou peu importe. Encore aujourd'hui, je crois, j'avais raison dans certains cas. Dans d'autres, peut-être me trouvais-je des excuses pour couvrir mes propres erreurs et ma propre indécision. Cependant, ce que j'ai appris grâce à l'histoire de la vache, c'est qu'il importe peu s'ils étaient dans leur tort. Je ne peux pas passer ma vie à dire « Je voulais vraiment réussir, mais si je n'ai pas réussi, c'est à cause de lui » ou « C'est de sa faute ; elle n'a pas fait ce qu'elle devait ». Je crois que notre plus grand défi à tous consiste à assumer l'entière responsabilité de notre propre réussite. Ce qu'il y a de merveilleux, c'est que lorsqu'on l'assume, on n'est pas sans cesse tourmenté à l'idée que ses échecs et ses malheurs puissent être la faute de quelqu'un d'autre.

— ANTHONY BURGOS, SEATTLE, À WASHINGTON

Il était une fois un maître sage et chevronné qui voulut enseigner à l'un de ses élèves les secrets d'une vie heureuse et prospère. Conscient des nombreux obstacles et difficultés inutiles auxquels la plupart des gens font face dans leur quête du bonheur, il jugea à propos de commencer par lui expliquer pourquoi tant de gens vivent une vie médiocre et ordinaire.

Après tout, pensa le vieil homme, trop d'hommes et de femmes semblent incapables de surmonter les obstacles qui entravent leur réussite et finissent par vivre une vie peu gratifiante et à peine supportable. Il savait que pour bien faire comprendre cette leçon importante au jeune homme, ce dernier devait voir par lui-même ce qui se passe lorsque nous laissons la médiocrité gouverner notre vie.

Dans le but de lui enseigner ces leçons importantes, le maître décida donc d'emmener son élève en voyage dans un des villages les moins nantis de leur province. Dans cette région, la souffrance et la désolation régnaient et les habitants semblaient résignés à leur sort.

Peu de temps après leur arrivée, le maître demanda au jeune homme de l'aider à repérer la maison la plus misérable du coin ; celle-ci leur servirait de refuge pour la nuit.

Après avoir marché quelque temps, ils parvinrent à l'orée du village. Là, en pleine brousse, ils s'arrêtèrent devant la bicoque la plus délabrée qu'ils aient jamais vue.

Le bâtiment, sur le point de s'écrouler, se trouvait du côté le plus éloigné d'un hameau. Il était clair qu'il appartenait à la famille la plus démunie. Ses murs tenaient comme par miracle, menaçant à tout moment de s'écrouler. L'eau dégoulinait par le toit improvisé qui semblait impropre à protéger ses habitants de quoi que ce soit. Des ordures de toutes sortes s'amoncelaient le long des murs, ce qui donnait à la baraque un air encore plus décrépit.

Le propriétaire, prévenu par un petit enfant de la présence des deux étrangers, sortit de la maison pour leur souhaiter la bienvenue.

« Bien le bonjour, brave homme ! » répondit le maître. « Les deux voyageurs fatigués que nous sommes pourraient-ils prendre refuge chez vous pour la nuit ? »

« Nous sommes serrés, mais si cela ne vous ennuie pas, vous êtes les bienvenus. »

Ayant pénétré dans la demeure, les deux hommes furent stupéfaits de voir que cet espace minuscule qui ne couvrait pas plus de quatorze mètres carrés abritait une famille de huit. Le père, la mère, quatre enfants et deux grands-parents faisaient de leur mieux pour se faire mutuellement un peu de place malgré ces conditions très exiguës.

Leur apparence négligée, leur maigreur extrême et leurs vêtements déchirés indiquaient clairement le manque qui caractérisait leur existence quotidienne. Leur visage triste et leur tête baissée reflétaient sans l'ombre d'un doute une indigence qui ne s'arrêtait pas à leur physique, mais qui s'était enracinée en eux.

Les deux visiteurs ne purent s'empêcher de regarder autour d'eux en se demandant s'il pouvait y avoir la moindre chose de valeur au sein d'un tel dépouillement. Il n'y avait rien !

Cependant, en ressortant de la maison, ils s'aperçurent qu'ils s'étaient trompés. Chose assez curieuse, la famille possédait quelque chose d'inhabituel, une chose assez spectaculaire étant donné les circonstances. Elle possédait une vache.

Cette bête n'avait rien d'extraordinaire, mais la vie et les activités quotidiennes de la famille semblaient évoluer autour d'elle. « Donne à manger à la vache. » « Assure-toi que la vache ne manque pas d'eau. » « Attache bien la vache. » « N'oublie pas d'emmener paître la vache ! » « Trais la vache ! » On pouvait dire que cette vache jouait un rôle primordial dans la famille, même si le peu de lait qu'elle donnait suffisait à peine à maintenir ses membres en vie.

Quoi qu'il en soit, elle semblait avoir une raison d'être plus importante encore : c'était la seule chose qui les séparait de la misère la plus complète. Dans un endroit où l'on manquait de tout, une possession aussi convoitée leur valait le respect, pour ne pas dire l'envie de leurs voisins.

Et c'est donc là, dans la crasse et au milieu du désordre, que le maître et son élève passèrent la nuit.

Le lendemain matin, avant l'aube, prenant bien garde de ne réveiller personne, les deux voyageurs se levèrent pour poursuivre leur voyage.

L'élève regarda autour de lui comme pour se faire une image mentale de cet endroit sinistre. Pour être parfaitement honnête, il n'était pas sûr d'avoir compris la leçon que son vieux maître voulait qu'il tire de la situation. Cependant, avant de reprendre la route, ce dernier lui chuchota : « Il est temps pour toi de connaître la raison de notre présence dans cet endroit lugubre. »

Pendant leur courte visite, les deux hommes avaient pu observer une vie d'abandon presque total, mais le jeune homme ne comprenait pas du tout la raison de l'existence misérable de la famille. Comment celle-ci s'était-elle laissé aller à une telle déchéance ? Qu'est-ce qui l'y retenait ?

Le maître se dirigea lentement vers la vache qui était attachée à un poteau branlant de la clôture, à moins de dix-huit mètres de la baraque. Lorsqu'ils furent arrivés à la hauteur de la bête, le maître tira un poignard de son fourreau. L'élève était perplexe. Lorsque le vieil homme leva soudain le bras, il fut stupéfait de ce qui allait se passer. Incrédule, il vit son maître trancher la gorge de la vache d'un mouvement rapide. Blessée à mort, la bête s'écroula en silence.

Le jeune homme n'arrivait pas y croire. « Mais qu'avez-vous fait, maître ? » demanda-t-il, angoissé, mais en chuchotant pour ne pas réveiller la famille. « Comment avez-vous pu tuer cette pauvre bête ? Quel genre de leçon est-ce là qui laissera cette famille complètement ruinée ? Cette vache, c'est tout ce qu'elle possédait. Que va-t-il en advenir maintenant ? »

Pas le moindrement perturbé par la consternation du jeune homme, indifférent à ses questions, le maître tourna les talons, laissant derrière lui cet effroyable spectacle, visiblement impassible devant le sort qui attendait la malheureuse famille désormais privée de sa vache. L'élève lui emboîta le pas, et ils poursuivirent leur voyage.

Et c'est ainsi que cette malheureuse famille fut laissée à une vie incertaine, devant des situations difficiles et la possibilité d'une misère encore plus grande.

Pendant les jours qui suivirent, l'élève fut maintes et maintes fois hanté par l'idée terrifiante que sans sa vache, la famille mourrait sûrement de faim. Quelle autre conclusion pouvait-il tirer de la perte de sa seule source de subsistance ? Au cours des mois qui suivirent, il fut souvent troublé par ces pensées. Mais surtout, il s'en voulait de ne jamais avoir interrogé son maître sur les événements de ce terrible matin.

Une année passa. Un après-midi, le maître proposa de retourner dans le petit village pour voir ce qu'était devenue la famille. La seule mention de l'épisode apparemment oublié depuis longtemps suffit à éveiller chez son élève le souvenir vivace d'une leçon qu'il n'avait encore pas bien comprise, malgré tout le temps qui s'était écoulé.

L'esprit du jeune homme fut de nouveau assailli par des pensées concernant la malheureuse famille et le rôle qu'il avait joué dans son sort. Qu'avait-elle bien pu devenir ? Avait-elle survécu à ce coup dur ? Avait-elle pu se refaire une vie ? Aurait-il le courage de la regarder en face après ce qu'il avait fait ? Malgré ces pensées bouleversantes, il accepta sans enthousiasme, et entreprit à contrecœur un voyage qui présenterait sous un jour nouveau l'épisode pénible de l'année précédente.

Au bout de plusieurs jours, les deux hommes parvinrent au village. En vain, ils cherchèrent la fameuse maison. Si les alentours n'avaient pas changé, la bicoque où ils avaient passé la nuit un an plus tôt avait disparu. À sa place se dressait une maison bien plus jolie, de construction plus récente. Ils s'arrêtèrent, scrutant les alentours afin de s'assurer qu'ils se trouvaient bien au bon endroit.

Le jeune homme se mit à craindre que la mort de la vache n'eût été un coup trop dur pour cette famille sans ressources, qu'elle eût été forcée d'abandonner sa propriété, et qu'une nouvelle famille un peu moins malchanceuse eût repris sa terre et construit cette nouvelle maison. Qu'est-ce qui aurait pu arriver d'autre ? Peut-être la famille était-elle partie, accablée par la honte ?

L'esprit assailli par ces pensées, le jeune homme hésita entre s'enquérir du sort de la famille et poursuivre simplement sa route, évitant ainsi la tâche désagréable de confirmer ses pires craintes. Il décida de s'informer. Il fallait qu'il sache. Aussi, il frappa et attendit.

Au bout d'un court moment, la porte s'ouvrit sur un homme très aimable que l'élève ne reconnut pas de prime abord. Il ne put toutefois cacher sa stupéfaction lorsqu'il s'aperçut qu'il s'agissait de la même personne qui les avait hébergés un an plus tôt. C'était sans aucun doute le même homme, même si quelque chose en lui avait radicalement changé. Ses vêtements étaient propres et il avait l'air soigné. Il souriait et ses yeux brillaient. Il était clair que quelque chose d'assez important s'était passé dans sa vie.

Le jeune élève n'en croyait pas ses yeux. Comment cela était-il possible ? Qu'avait-il bien pu se passer en un an ? S'élançant vers l'homme pour le saluer, il entreprit aussitôt de lui demander par quelles heureuses circonstances les choses avaient ainsi changé pour lui et pour sa famille.

Ignorant du fait que les deux voyageurs étaient responsables de la mort de sa vache, l'homme les invita à entrer et leur raconta une histoire incroyable qui transformerait à jamais la vie du jeune homme.

Il raconta comment, par coïncidence, le jour même de leur départ, un vaurien, sans doute jaloux de leur maigre fortune, avait sauvagement massacré la pauvre bête.

«Je dois avouer, dit l'homme, que nous avons d'abord été plongés dans un état extrême de désespoir et d'angoisse. Pendant longtemps, le lait de cette vache avait été notre seule source de subsistance. D'ailleurs, cette bête était notre seule possession ; notre vie en dépendait. Elle était au cœur de notre existence quotidienne, et pour tout vous dire, le simple fait de la posséder nous avait donné un sens de sécurité et nous avait valu le respect de nos voisins.»

«Peu de temps après ce jour tragique, nous nous sommes dit qu'à moins de faire quelque chose, nous allions voir notre situation empirer. Ayant perdu notre vache, nous avions touché le fond. Or il nous fallait manger et nourrir nos enfants. Nous avons donc aménagé derrière la maison un petit lopin de terre où nous avons semé quelques graines afin d'y faire pousser des légumes. C'est ainsi que nous avons pu survivre les premiers mois qui ont suivi ce jour terrible. »

« Au bout de quelque temps, comme notre petit potager produisait plus que ce dont nous avions besoin, nous avons pensé qu'en vendant le surplus à nos voisins, nous pourrions acheter d'autres graines. C'est ce que nous avons fait, et peu de temps après, non seulement nous produisions assez de légumes pour notre propre consommation, mais il nous en restait amplement à vendre au petit marché du village. »

« Et puis c'est arrivé ! poursuivit l'homme presque joyeusement. Pour la première fois de notre vie, nous avions de l'argent pour acheter de la nourriture et des vêtements. C'est à ce moment-là que nous nous sommes aperçus que nous pouvions espérer une nouvelle vie, une vie au-delà de nos attentes et de nos espérances les plus grandes. »

« Le mois dernier, nous avons réussi à construire cette maisonnette. C'est comme si la perte de notre vache nous avait ouvert les yeux sur une nouvelle vie de prospérité. »

Le jeune homme était stupéfait. Il comprenait enfin la leçon que son cher maître avait voulu lui transmettre. Il vit soudain clairement que la mort de la vache n'avait pas engendré l'anéantissement de la famille comme il l'avait craint, mais lui avait ouvert la voie à une nouvelle vie remplie de bonnes occasions.

Le maître, qui n'avait pas dit un mot pendant ce récit fascinant, prit son élève à part et lui dit : « Crois-tu que cette famille aurait accompli tout ce qu'elle a accompli cette année si elle avait toujours été en possession de sa vache ? »

« Probablement pas », répondit le jeune homme sans hésitation.

« Tu comprends maintenant ? La vache qu'elle chérissait comme son bien le plus précieux n'était en fait qu'un carcan qui la retenait prisonnière d'une vie de pauvreté et de médiocrité. La famille se consolait à l'idée que la vache puisse la sauver de la ruine, mais ce n'est que lorsqu'elle a perdu cette fausse sécurité qu'elle a été forcée de regarder ailleurs. »

« Autrement dit, la vache que ses voisins voyaient comme une bénédiction lui donnait l'impression qu'elle ne vivait pas dans la pauvreté absolue alors qu'en fait, elle vivait dans la misère la plus totale », fit remarquer l'élève.

« Précisément, répondit le vieux maître. C'est ce qui arrive lorsqu'on se convainc que le peu que l'on possède suffit amplement. Cette seule pensée devient en quelque sorte une lourde chaîne qui vous empêche de chercher mieux. On laisse la complaisance gérer sa vie. On apprend à accepter les circonstances, même si elles sont sources d'insatisfaction. On sait que l'on n'est pas satisfait de la vie que l'on a, sans toutefois en être entièrement insatisfait. On est frustré par la vie que l'on a reçue, mais pas assez ébranlé pour tenter d'y changer quelque chose. Vois-tu à quel point cela est tragique ? »

« Lorsqu'on occupe un emploi que l'on n'aime pas, qui ne permet même pas de combler ses besoins les plus fondamentaux, qui ne procure aucune satisfaction personnelle ni la vie que l'on souhaite vraiment, la décision de donner sa démission et de partir à la recherche d'un nouvel emploi est facile à prendre. Cependant, lorsque cet emploi qui nous déplaît nous permet de régler nos factures, de survivre et même de profiter de certains petits conforts, il est très facile de tomber dans le piège qui consiste à être satisfait à l'idée de *posséder au moins quelque chose*. En rationalisant la situation, on se dit qu'après tout, certaines personnes seraient reconnaissantes de se voir offrir l'emploi en question. »

« Tout comme la vache, cette attitude ne peut que vous empêcher de progresser. Tant que l'on ne s'en est pas débarrassé, on ne peut pas connaître autre chose que ce que l'on a toujours connu. On est condamné à rester victime à vie des limites que l'on a soi-même imposées à sa propre existence. C'est presque comme si l'on s'était bandé les yeux à la ligne de départ en espérant que tout aille pour le mieux. »

L'élève restait planté là, perdu dans ses pensées. Il était fasciné par les observations de son maître. Tout cela lui sautait maintenant aux yeux. « Nous avons tous des *vaches* dans notre vie. Nous transportons avec nous le lourd fardeau de nos fausses croyances, de nos excuses, de nos craintes et de nos justifications. Ce qui est tragique, c'est que toutes ces limites que nous nous imposons nous retiennent dans une vie de médiocrité. »

« Et ce n'est pas tout, ajouta le vieil homme. Bon nombre de gens s'accrochent avec entêtement à des prétextes pour expliquer pourquoi ils ne vivent pas la vie de leurs rêves. Ils inventent les excuses les plus crédibles pour se justifier auprès des autres et puis poursuivent leur vie de contradiction interne lorsqu'ils voient que ces explications, si elles convainquent les autres, ne leur sont d'aucune utilité. »

« Quelle formidable leçon ! » pensa le jeune homme, faisant immédiatement le point sur ses propres vaches.

Pendant le restant du voyage, il examina soigneusement toutes les limites acquises au cours de sa vie. Il prit la résolution de se débarrasser de toutes les croyances qui l'avaient restreint à une vie moyenne et médiocre et l'avaient empêché d'utiliser son véritable potentiel.

Sans aucun doute, ce jour marquait le début d'une nouvelle vie, d'*une existence dépourvue de vaches*, se dit-il.

CHAPITRE 2

Ne vous attendez pas à ce que toutes les vaches meuglent

Après avoir tergiversé pendant plusieurs jours, je me suis finalement décidé à lire ce livre. J'ai ri tout au long de ma lecture, car je me suis aperçu que j'avais eu recours à la plupart des excuses énoncées dans les différents chapitres. Je ne les avais pas perçues alors comme des justifications, mais j'ai été presque gêné lorsque je les ai vues ainsi écrites noir sur blanc. Il y en avait certaines que j'avais partagées autour de moi, pensant prodiguer de bons conseils. La procrastination a toujours été un de mes plus grands problèmes. Je dissimulais ce défaut sous des proverbes comme : « On n'est jamais trop prudent », « Prudence est mère de sûreté » ou « La nuit porte conseil ». Le problème, c'est que je remettais sans cesse, jusqu'à ce qu'il soit trop tard, les choses que je savais que je devais faire. Je me rends maintenant compte comme il est facile de devenir captif des excuses et des justifications qui passent presque inaperçues dans notre vie. Aussi, même si celles-ci semblent accessoires, je sais maintenant qu'aucune n'est dépourvue de conséquences. Je suis impatient de noter mes vaches par écrit et de m'en débarrasser rapidement.

— CHARLES JOHNSON, LOS ANGELES, EN CALIFORNIE

Comme bien des habitudes destructrices, les vaches ont tendance à être des compagnes silencieuses. C'est pourquoi elles ne sont pas faciles à déceler et peuvent passer inaperçues, exerçant leur influence négative tout au long de notre vie. En fait, peu d'entre nous admettront qu'ils se trouvent des excuses. Nous préférons y voir des explications factuelles et raisonnables de circonstances généralement indépendantes de notre volonté, ce qui nous arrange.

Ce n'est pas que nous soyons «systématiquement en retard», mais nous accusons «un retard justifié» ou mieux encore, nous sommes les victimes des «imprévus de la circulation». Voyez-vous comme il est facile de devenir victime de cette mauvaise habitude sans même s'en apercevoir?

Nos excuses sont devenues des «éclaircissements logiques», nos craintes irraisonnées des «précautions sensées» et nos faibles attentes une «conception de la vie plus réaliste». Nous nions que nous nous contentons de la médiocrité; c'est la meilleure façon d'éviter d'être déçus. Jamais nous n'admettrons que nous cherchons à rationaliser notre médiocrité; nous préférons y voir la définition de niveaux de rendement acceptables.

C'est la raison pour laquelle tant d'entre nous ont de la peine à croire qu'ils possèdent quelque vache que ce soit. Nos propres justifications ne résonnent pas à nos oreilles comme des excuses, mais comme un bon raisonnement. Vous voyez? Ce ne sont pas toutes les vaches qui beuglent pour attirer l'attention ; certaines tendent donc à passer inaperçues.

Ayant partagé cette métaphore avec des gens de tous les coins du monde et entendu leurs excuses et leurs « explications raisonnables », j'en suis venu à la conclusion que la vérité, c'est que nous sommes nombreux à ne pas vouloir envisager l'élimination de nos vaches.

Toutes les expressions auxquelles nous avons recours pour éviter de changer quoi que ce soit sonnent tout simplement mieux. Parce qu'elles sont plus tolérables, elles suscitent moins notre culpabilité. C'est pourquoi nous devons nous en débarrasser si nous voulons réussir.

Je sais que cela peut sembler brutal. Sans doute préféreriez-vous que je vous demande de « changer d'attitude », de « modifier votre comportement » ou de « délaisser vos mauvaises habitudes » plutôt que de vous implorer de tuer vos vaches. J'ai remarqué cependant que si nous voulons vraiment réussir dans la vie et réaliser notre plein potentiel, nous devons faire preuve d'une honnêteté brutale envers nous-mêmes. Cela n'est possible qu'en appelant les choses par leur nom et non pas en cherchant à être politiquement correct ou émotionnellement supportable.

Ainsi donc, les « vaches », ce sont tous les prétextes, excuses, justifications, mensonges, raisons, craintes et fausses croyances qui vous retiennent captifs d'une vie de médiocrité et vous empêchent de vivre la vie que vous méritez vraiment et pour laquelle vous êtes fait. Malheureusement, nous en charrions tous plus que nous ne sommes disposés à l'admettre.

D'une manière générale, nos vaches peuvent être réparties en deux catégories : *les excuses* d'une part et *les attitudes limitatives* d'autre part. Les excuses se présentent sous forme de justifications, de prétextes et de simples mensonges. Les attitudes limitatives quant à elles tendent à se manifester sous forme de craintes, de raisons et de fausses croyances. Dans le chapitre suivant, il sera question de nos attitudes limitatives. Pour l'instant, jetons un coup d'œil sur nos excuses.

Les excuses servent habituellement à expliquer pourquoi nous n'avons pas fait ce que nous aurions dû faire ou n'avons pas encore accompli ce que nous devrions être en train d'accomplir. Les excuses se distinguent des attitudes limitatives principalement du fait que, la plupart du temps, nous n'y croyons pas nous-mêmes. Nous savons qu'elles ne sont tout simplement pas sérieuses, mais nous y voyons un moyen facile de justifier notre propre médiocrité et de « sauver la face ».

« Je suis désolé d'être en retard. Vous savez, la circulation est terrible ! » Or ce ne sont pas les bouchons qui sont la cause de notre retard. Nous ne nous sommes tout simplement pas donné la peine d'arriver à l'heure, et pour dissimuler notre gêne ou notre culpabilité, nous nous sommes trouvé une excuse. Il est évident que lorsqu'on agit ainsi, on est malhonnête envers soi-même et envers les autres.

Les excuses de ce type sont tout bonnement devenues plus socialement acceptables que la vérité. Nous mettons la faute sur la circulation pour éviter d'admettre que nous ne voulions pas manquer les quinze dernières minutes des actualités. Cela ne se fait pas, n'est-ce pas, d'appeler au bureau pour dire : « J'arriverai en retard aujourd'hui, car j'ai promis à ma fille de l'accompagner à son excursion scolaire. » Nous préférons nous déclarer « malades ».

Comme dans le cas de toutes les vaches, nous payons cher ces excuses socialement acceptables. Le prix à payer, c'est le fait de savoir que nous ne sommes pas assez sûrs de nous pour faire face aux conséquences liées à la vérité.

Des excuses ? Moi ? Jamais !

Les excuses sont les vaches de type le plus commun. Ce sont pour nous des moyens simples de justifier notre médiocrité en montrant du doigt un bouc émissaire, échappant ainsi à la responsabilité de situations qui dépendent en fait de nous.

Une excuse, c'est une façon de dire : « Je suis coupable, mais ce n'est pas vraiment de ma faute. »

- « J'ai échoué à mon examen, mais c'est la faute du professeur. Elle ne nous a pas donné assez de temps pour étudier. »
- « Je n'ai pas réussi ma carrière parce j'ai toujours affaire à des patrons incapables d'apprécier mon talent. »
- « Mon mariage a échoué parce que mon conjoint (ou ma conjointe) n'a jamais vraiment fait l'effort de me comprendre. »

Il peut être *plus facile* de faire porter la responsabilité d'une situation aux autres *que d'y faire face et de l'assumer soi-même.*

Les excuses comme celle-là nous permettent de déplacer la responsabilité. La circonstance que nous esquissons ainsi peut être aussi bien une mauvaise note qu'un rejet, un conflit, la solitude ou la critique. Ce n'est pas une mauvaise chose en soi que de vouloir éviter ces situations déplaisantes, mais leur évitement ou leur contournement peut nous empêcher de corriger le véritable problème.

Toutes ces excuses ne servent qu'à disculper leur auteur et à lui conférer un rôle de victime en déplaçant la responsabilité ailleurs. Tant que vous penserez que la faute appartient à quelqu'un d'autre, vous ne ferez jamais rien pour remédier à la situation. Après tout, ce n'est pas de votre faute ! Vous n'êtes qu'une simple victime.

Seulement trois choses sont certaines quand il s'agit d'excuses. Pour commencer, vous pouvez être absolument sûr que si vous voulez vraiment trouver une excuse pour n'importe quoi, vous en trouverez sans aucune difficulté. Et une fois que vous l'aurez trouvée, vous vous y accrocherez aussi longtemps que possible.

Face au besoin de faire davantage d'exercice et de modifier son régime pour contrôler son diabète, Samuel s'est trouvé des tas d'excuses. « Malheureusement, je n'ai pas le temps. » « J'ai toujours mangé ainsi. » « Mes journées sont déjà longues et je ne peux pas me lever aussi tôt pour aller au gymnase. » « Même si l'on mange uniquement des choses bonnes pour la santé, on meurt quand même de faim. » Samuel va jusqu'à faire des déclarations aussi infâmes que la suivante : « Il faut bien mourir de quelque chose, n'est-ce pas ? » Le seul problème, c'est qu'aucune de ces excuses ne lui permettra de contrôler son diabète. J'espère qu'il s'en apercevra à temps.

Malheureusement, la plupart des gens attendent qu'il soit trop tard. Je me rappelle un propriétaire d'entreprise avec qui j'ai travaillé il y a longtemps. C'était un fumeur invétéré qui en était venu à accepter sa mauvaise habitude comme une de ces choses auxquelles on ne peut rien. Sur son lit de mort, il avait dit à sa famille : « Je n'arrive pas à croire que j'ai laissé cette sale habitude me tuer. »

La deuxième chose dont vous pouvez être sûr, c'est qu'une fois que vous commencerez à invoquer une excuse quelle qu'elle soit, les alliés ne manqueront pas de se manifester. Vous pouvez y compter ! Peu importe la nature absurde ou fausse de votre excuse, vous trouverez toujours des gens pour la croire et même la partager. Ces personnes vous diront : « Je vous comprends très bien, parce qu'il m'arrive exactement la même chose. »

La troisième vérité en ce qui a trait aux excuses, c'est qu'elles ne changent rien. Elles ne résolvent certes pas les problèmes que nous cherchons ainsi à éviter. La vie reste telle qu'elle était. Si au départ elle était médiocre, elle continue d'être médiocre. En ce sens, une excuse n'est rien de plus qu'un prélude à l'échec. Pis encore, chaque fois que nous y avons recours, elle devient de plus en plus partie intégrante de notre réalité.

Nous procurant le meilleur argument contre les excuses, Shakespeare a très bien formulé cela lorsqu'il a affirmé que souvent, l'excuse avancée pour se disculper ne fait qu'empirer la faute.

Si par exemple vous avancez fréquemment la vieille excuse « Je n'ai pas le temps » pour justifier que vous ne faites pas ce que vous avez à faire, vous remarquerez au fil du temps que vous avez effectivement perdu la maîtrise de votre temps et de votre vie. Vous commencerez à mener une vie réactive plutôt que proactive, sautant d'une situation d'urgence à une autre, sans avoir une minute à vous pour travailler sur ce qui vous importe vraiment. Chaque fois que vous aurez recours à une excuse, celle-ci vous semblera plus valable et plus acceptable, jusqu'à devenir votre réalité. La vérité, c'est que les excuses sont un moyen très simple d'éviter de faire face au pire ennemi du succès, c'est-à-dire à *la médiocrité*.

Par la même occasion, le fait de répéter et de réaffirmer certaines croyances et idées, outre nous empêcher d'agir, peut souvent avoir un effet paralysant à long terme. Sans y penser, nous répétons des idées ayant des répercussions négatives sur notre vie, sans nous assurer de leur véracité.

Lorsque nous avons enfin l'occasion de nous interroger sur ces idées, nous nous apercevons que certaines sont des mensonges absolus que nous n'avons jamais mis en doute. D'autres ne sont que des commentaires erronés faits par d'autres personnes. Bon nombre d'entre elles sont devenues des proverbes connus et populaires à force d'être répétées, même s'il ne s'agit que de mensonges masqués sous une fine couche de quelque chose qui ressemble à la vérité.

Par conséquent, oubliez vos excuses ! Vos amis n'en ont pas besoin et vos ennemis, de toute façon, ne vous croiront pas.

Comme le dit le proverbe...

À force d'être partagées et répétées, les excuses tendent à devenir partie intégrante de ce qui est habituellement admis comme des notions de sagesse populaire. Au fil du temps, elles sont façonnées et transformées en aphorismes intéressants et en apparence profonds que l'on considère vrais et que l'on adopte comme des formules infaillibles pour accéder à la sagesse. Toutefois, bon nombre de ces proverbes ne sont que des idées erronées qui nous empêchent de progresser dans la vie.

Certains comme « On n'apprend pas à un vieux singe à faire la grimace » ou « Voleur un jour, volera toujours » ne font que vulgariser deux idées erronées et même absurdes. Ils suggèrent, pouvant même nous encourager à le croire, que passé un certain âge, on ne peut plus rien apprendre de nouveau – voilà toute une vache – et que certains comportements et habitudes ne peuvent jamais changer.

En plus de nous procurer un sentiment d'impuissance, ces idées nous empêchent de voir la capacité que nous avons de changer, d'apprendre et de nous adapter de façon positive. Nous supposons tout simplement que si les experts, les prédicateurs et les parents répètent ces proverbes, c'est qu'ils doivent être vrais ou tout au moins comporter une certaine part cachée de sagesse. Quoi qu'il en soit, souvent la seule raison pour laquelle ils nous sont devenus aussi familiers, c'est qu'ils justifient des vaches courantes.

Par exemple, prenez le temps de vous demander si les proverbes populaires suivants ont une valeur quelconque ou si ce ne sont en fait que des excuses très opportunes :

- Aucune bonne action ne reste impunie.
- Mieux vaut un mal connu qu'un bien qui reste à connaître.
- Il faut de l'argent pour faire de l'argent.
- Pour ne pas être déçu par les gens, il ne faut rien attendre d'eux.
- Les apparences sont souvent trompeuses.
- On n'est jamais trop prudent.

Regardons de plus près certains de ces proverbes afin d'en apprécier la portée et nous rendre compte de ce que cela nous coûte d'y souscrire. Imaginez, par exemple, combien il est absurde de croire que non seulement nous ne serons pas récompensés pour nos bonnes actions, mais que nous serons punis. Voilà une philosophie de la vie bien cynique !

Vous pouvez aussi imaginer combien il serait illogique de dire « non » à la possibilité d'une nouvelle carrière, préférant conserver un emploi que l'on n'aime plus et qui ne mène à rien, sous prétexte que « Mieux vaut un mal connu qu'un bien qui reste à connaître ». Pourtant, bien des gens prennent cet *adage* au pied de la lettre, sans savoir que ce faisant, ils se contentent de bien moins que ce qu'ils méritent.

Et que dire de celui-ci : « Il faut de l'argent pour faire de l'argent » ? Voyons s'il est vraiment juste. Certes, je l'ai entendu dire par bien trop d'entrepreneurs *velléitaires* non disposés à agir qui trouvent en cette *perle de sagesse* une excuse. Un véritable entrepreneur ne manquera pas de vous dire que cette idée est entièrement fausse. Les innombrables histoires de réussite de personnes qui osent entretenir des rêves grandioses nous prouvent bien qu'il faut une vision, un engagement et de la persévérance – et non pas de l'argent – pour transformer une idée en pièces d'or.

Par conséquent, avant d'être pris en flagrant délit de recours à ces principes de « sagesse traditionnelle », assurez-vous que vous n'êtes pas en train de perpétuer des vaches qui n'ont d'autre objectif que de vous faire accepter et tolérer une vie médiocre.

CHAPITRE 3

Toute vache commence par être un veau

Même avant d'opter pour la carrière de pilote d'avion, je caressais le désir d'essayer mes talents et mon tempérament en tant qu'opérateur sur les marchés des actions et des obligations. Ce domaine m'avait toujours fasciné, mais ma famille et mes amis n'avaient cessé de me dire que c'était un métier trop risqué et que je devais être un peu fou pour vouloir renoncer à la stabilité de ma profession et de mon salaire. Je pense que je les ai écoutés pendant beaucoup trop longtemps, mais finalement, à l'âge de 36 ans, j'ai décidé que je ne pouvais plus continuer de vivre à travers les craintes des autres. J'ai donc rassemblé mon courage et fait le saut. Aujourd'hui, je suis plus heureux que je ne l'ai jamais été, et je suis convaincu d'avoir trouvé ce à quoi j'étais destiné. Je suis mon propre patron. Je dispose d'un emploi du temps flexible et, ne comptant sur personne d'autre que moi pour me motiver, je peux me pousser au-delà de ce dont les autres me croient capable. Cela me procure un sentiment de liberté, et je me sens plus exalté face à l'avenir que je ne l'ai jamais été.

—WILLIAM LINVILLE, HALLANDALE BEACH, EN FLORIDE

Dans le chapitre qui précède, je vous ai dit que bien qu'absurdes et irrationnelles, nos attitudes limitatives ne nous paraissent que trop réelles. Mais à quel point ?

Prenons en considération la crainte, une des attitudes limitatives les plus puissantes que l'on voit parfois comme un faux élément de preuve ayant des airs de vérité. L'objet de nos craintes nous paraît si réel qu'il peut nous paralyser et nous empêcher d'agir.

Prenons par exemple le fait de parler en public. À quel point la peur de s'adresser à un groupe de gens est-elle réelle pour certaines personnes ? Elle l'est au point de devancer largement la peur de mourir sur la liste des craintes courantes. Si absurde que cela puisse sembler, le fait de parler en public procure à bien des gens plus d'angoisse et de crainte que même la perspective de la mort.

Vous croyez que j'exagère ? Essayez de leur faire dire quelques mots en public et regardez ce qui se passe. Leur état mental et physique s'altère instantanément. Ils se mettent à transpirer, ils ont le cœur qui bat la chamade et les jambes qui flagellent ; ils peuvent même se trouver mal. C'est à ce point que certaines personnes sont terrifiées à l'idée de parler en public. Essayez de leur expliquer que leur peur est irrationnelle, que tout ira bien et vous verrez combien cette crainte est réelle.

Il n'y a aucun doute, les craintes représentent les vaches de la pire espèce. Elles peuvent prendre possession de notre esprit et littéralement nous paralyser physiquement et mentalement. La seule solution consister à agir malgré nos sentiments de peur, d'inaptitude ou d'angoisse. L'action est le seul remède.

On a souvent recours à la rationalisation, autre forme d'attitude limitative, pour tenter de convaincre les autres et nous-mêmes que la situation n'est pas aussi terrible qu'elle semble, même si elle est carrément insupportable. Le plus grand problème de la rationalisation, c'est qu'à force d'y avoir recours, on finit par y croire.

Très souvent, nous perdons beaucoup de temps à justifier le fait de nous accommoder d'une situation où nous préférerions *ne pas* nous trouver, tel un mauvais emploi. Plutôt que de faire ce qui serait logique – c'est-à-dire en chercher un autre – nous perdons notre temps à essayer d'expliquer pourquoi le fait de nous y *accrocher* constitue la meilleure solution.

Lorsque je pense aux effets dévastateurs de la rationalisation, je me rappelle une dame qui m'a abordé un jour lors d'une séance d'autographes, me demandant de l'aider à adopter une meilleure attitude vis-à-vis de son travail. «Parlez-m'en un peu», lui avais-je demandé. «Je déteste mon emploi, avait-elle commencé par dire, mon patron est cynique et méprisant, et franchement, ce que je fais n'a rien à voir avec ma formation. J'ai bien essayé d'adopter une attitude positive, mais le simple fait d'aller travailler est devenu un fardeau.» Puis elle avait poursuivi en me donnant une liste de raisons pour lesquelles elle pensait n'avoir d'autre choix que de rester là où elle se trouvait.

Finalement, lorsqu'elle m'avait demandé comment aborder cette situation de façon plus positive, je lui avais répondu : « Donnez votre démission. Trouvez-vous un autre emploi, un qui vous plaise. » Elle était restée perplexe. Je ne pense pas que c'était la réponse qu'elle voulait. En fait, je ne pense pas qu'elle ait jamais envisagé cette possibilité. Je m'étais donc mis à lui expliquer que notre objectif ne devrait jamais être d'apprendre à nous accommoder de quelque chose que nous détestons, mais de trouver ce qui nous plaît et de nous y employer. La vie est trop courte pour faire des choses que nous détestons. Mon ami Brian Tracy exprime cela parfaitement lorsqu'il affirme que « Tout le temps que l'on consacre à un emploi dévalorisant est perdu ».

Les attitudes limitatives peuvent aussi prendre la forme de fausses croyances entourant nos propres capacités, les autres personnes ou le monde dans lequel nous vivons. La plupart du temps, ces croyances peuvent nous empêcher d'utiliser ou même de reconnaître notre véritable potentiel.

Participante à l'une de mes récentes présentations, Isabel était au début de la soixantaine. Nouvellement arrivée au pays, elle était à la recherche d'un emploi depuis quelque temps déjà. Elle possédait tout un éventail de croyances relatives aux raisons pour lesquelles il lui était tellement difficile de réussir dans la profession qu'elle avait choisie. « Je n'ai jamais été douée en relations humaines. Je suis trop âgée et les entreprises ne veulent pas de moi. Personne ne veut engager une femme de soixante ans qui a un fort accent. » Elle épiloguait ainsi sur les raisons pour lesquelles jamais elle ne se trouverait un bon emploi, surtout étant donné son âge. Je lui demandai où elle avait posé sa candidature. Il s'avéra qu'elle n'avait présenté qu'une seule demande, laquelle avait été rejetée.

« Que puis-je faire, Dr Cruz ? » me demanda-t-elle, désespérée. J'avais l'impression qu'elle n'en était pas à son premier récit de la situation. En fait, elle avait probablement raconté sa saga au moins deux cents fois auparavant. Je lui répondis donc : « Pour commencer, cessez de rabâcher cette histoire et ensuite, attendez-vous à essuyer une centaine d'autres rejets avant de qualifier votre recherche d'emploi d'échec total. Lorsque vous aurez atteint ce nombre, revenez me voir et nous trouverons une autre stratégie. » Trois mois plus tard, alors que je faisais une présentation dans la même ville, j'aperçus, assise dans l'assistance, nulle autre qu'Isabel. Pendant la pause, celle-ci se dirigea vers moi et me dit : « Deux. Je n'ai essuyé que deux rejets avant de me faire offrir un travail formidable. J'ai commencé il y a deux mois et demi et je suis très heureuse. » Effectivement, elle avait l'air ravie. La tristesse avait disparu de son visage ; c'était une nouvelle personne. Bien sûr, c'est normal lorsqu'on ne porte plus sur ses épaules le lourd fardeau d'un si grand nombre de vaches.

Manifestement, comme vous venez de le voir, les vaches ont tendance à revêtir divers déguisements et formes, ce qui les rend plus difficiles à identifier et à reconnaître telles qu'elles sont. Certaines personnes préféreraient les assumer comme un bagage inévitable que le destin leur a placé sur les épaules, comme un fardeau auquel elles ne peuvent rien ou presque.

De façon générale, toute idée qui limite votre pouvoir ou votre maîtrise ou qui vous permet d'échapper à la responsabilité de toute réalisation est très certainement une vache. Mais comment naissent les vaches ? Tout comme les gros mensonges naissent de petits mensonges, les belles grosses vaches commencent par être des veaux innocents et inoffensifs.

Une journée dans la vie d'une personne pessimiste

Voici un exemple de comment les vaches prennent forme. L'un des pires ennemis du succès, c'est le pessimisme. De faibles attentes et une attitude négative mènent inévitablement à l'échec et à la frustration.

Les personnes pessimistes vivent dans un monde négatif et déprimant, tandis que le monde des personnes optimistes est positif et plein d'occasions. La vérité, bien sûr, c'est que le monde est le même pour toutes, mais que les différentes expériences perçues ne sont que le résultat de leurs pensées dominantes.

Lors d'un de mes ateliers, en parlant à une personne particulièrement négative, j'ai trouvé ce que je pense être le point de départ de l'attitude pessimiste de bien des gens. En réponse à l'une de mes observations concernant sa vision morose de la vie, mon interlocuteur avait émis le commentaire que je ne connais que trop bien : « Je suis seulement réaliste. »

Vous avez sans doute déjà rencontré de ces personnes qui tiennent de grands discours pour tenter de justifier leur attitude négative en les qualifiant d'« attentes réalistes ». La vérité, c'est que si vous demandez à une personne positive si elle est optimiste, il va de soi qu'elle vous répondra sans hésiter « oui ». Par contre, demandez à des personnes négatives si elles sont pessimistes et elles vous répondront probablement qu'elles ne sont pas pessimistes, mais réalistes.

Comment « le fait d'être réalistes » peut-il nous nuire ? C'est simple. Si vous reconnaissez le fait que vous êtes négatif et amer, il y a des chances qu'à un moment donné vous décidiez qu'il vous faut changer d'attitude. Vous pouvez même vous faire aider pour modifier votre vision de la vie. Toutefois, si vous pensez n'être vraiment que réaliste et pragmatique, vous risquez de ne jamais ressentir le besoin de modifier votre perspective. Après tout, vous avez entendu dire qu'être réaliste signifie avoir les pieds solidement rivés au sol et voir les choses telles qu'elles sont vraiment – du moins, de l'avis des personnes réalistes. Cependant, si vous observez attentivement, vous verrez que la plupart des personnes « réalistes » tendent à être pessimistes et à avoir des attentes négatives. Je vais vous le prouver sans tarder !

Combien de fois vous êtes-vous trouvé dans une situation où, alors que vous aviez demandé à quelqu'un de réaliser un certain objectif – disons un B au prochain examen – on vous répondait : « Quoi ? Soyons réalistes ! Je crois bien pouvoir obtenir un A. » Sûrement jamais ! On vous répondrait probablement quelque chose comme : « Un B ? Soyons réalistes ! Avec de la chance, j'obtiendrai un C. » Ce que je veux vous dire par là, c'est que je sais par expérience que les personnes « réalistes » ont tendance à avoir de faibles attentes.

La vache de type « je suis réaliste » non seulement vous empêche de voir votre propre pessimisme, mais agit comme une lentille à travers laquelle vous voyez et interprétez le monde autour de vous. C'est simple : si vous mettez des verres fumés, tout autour de vous semble plus obscur. Si vous portez des verres teintés en vert, tout devient vert. Une attitude pessimiste agit comme une lentille à travers laquelle vous évaluez et jugez le monde.

Les gens pessimistes ne sont pas nés ainsi. Cette attitude acquise ou créée par notre société n'est ni héritée ni imposée à notre inconscient sans notre consentement et notre participation. Le pessimisme et les autres émotions négatives une fois acquis, nous les avons programmés volontairement dans notre esprit.

Non seulement les pensées négatives vous empêchent de réaliser vos rêves, mais peu à peu elles détruisent votre vie. Elles génèrent en vous des sentiments négatifs qui se matérialisent aussi bien sous forme d'états émotionnels néfastes et préjudiciables que de problèmes de santé.

On le sait bien, les maladies telles que les ulcères, les maladies du cœur, l'hypertension, les troubles digestifs, les migraines et certaines maladies psychosomatiques sont souvent attribuées au stress et à l'angoisse suscités par des attitudes négatives. L'hostilité et la colère par exemple feraient augmenter la pression artérielle, tandis que le ressentiment et la dépression affaibliraient le système immunitaire. Le pessimisme peut certainement avoir des effets dévastateurs sur votre bien-être physique et mental.

Avez-vous déjà remarqué que les gens qui ne cessent de se plaindre d'une chose ou d'une autre ont tendance à être souvent malades ? Martin Seligman, professeur à l'Université de Pennsylvanie, affirme que les personnes pessimistes sont plus souvent sujettes aux infections et aux maladies chroniques, et que leur système immunitaire ne réagit pas aussi bien que celui des gens positifs et optimistes. Selon une étude de la Harvard University, les sujets qui à l'âge de vingt-cinq ans avaient déjà une attitude pessimiste étaient dans l'ensemble plus souvent malades lorsqu'ils atteignaient la fourchette d'âge de quarante à cinquante ans.

Quels sont les effets positifs à tirer du bannissement du pessimisme de votre vie ? On peut trouver une réponse à cela dans une étude menée par des chercheurs du King's College Hospital de Londres. Ces derniers sont parvenus à des résultats surprenants auprès d'un groupe de cinquante-sept femmes atteintes du cancer du sein ayant subi une mastectomie. Selon l'étude en question, sept femmes sur dix animées de ce que les médecins appellent un « esprit combatif » vivaient encore une vie normale dix ans plus tard. Par contre, parmi les femmes définies par les médecins comme « ayant perdu l'espoir et s'étant résignées au pire », quatre sur cinq étaient décédées peu de temps après le diagnostic.

Vous pouvez donc voir comment une vache persistante peut non seulement influer sur notre attitude et notre bien-être émotionnel, mais aussi potentiellement nous dérober une longue vie en bonne santé.

Les bonnes nouvelles, c'est que même si dans le passé, nous avons permis à notre environnement et à certaines personnes de notre entourage de conditionner notre esprit à la médiocrité, nous pouvons toujours changer d'attitude et reprogrammer notre esprit afin de connaître le succès.

La prison des fausses croyances

Sans aucun doute, nos croyances les plus paralysantes concernent notre propre potentiel. Elles peuvent nous emprisonner dans un monde où nous sommes incapables de voir nos propres talents et capacités. Les fausses croyances entourant ce dont nous sommes capables ou non dans la vie peuvent nous priver de l'une de nos plus grandes libertés : la liberté d'atteindre notre plein potentiel et d'agir en conséquence.

Si vous avez le malheur de penser que, parce que vous n'êtes pas très scolarisé, vous ne pouvez pas réussir, cette conviction ne manquera pas de gouverner votre vie, vos attentes, vos décisions, vos objectifs et votre attitude en général. Elle agira à la façon d'un programme mental, guidant toutes vos actions, générant de faibles attentes et sapant vos réalisations. Comment une idée comme celle-là peut-elle se transformer en une croyance limitative bien enracinée ? Comment peut-elle s'installer dans votre vie et prendre ainsi le dessus ?

Tout commence par de fausses conclusions basées sur des hypothèses erronées que nous avons acceptées comme étant la vérité. Regardez bien :

- **Hypothèse initiale :** Mes parents ne sont pas scolarisés.

- **Deuxième hypothèse :** Mes parents n'ont pas accompli grand-chose dans la vie.

- **Troisième hypothèse :** Comme je ne suis pas scolarisé non plus, je n'accomplirai sans doute pas grand-chose non plus.

Voyez-vous les effets dévastateurs d'une telle généralisation ? Les gens peuvent inventer le cercle vicieux le plus destructeur que l'on puisse imaginer au moyen de leur propre dialogue interne.

S'ils se voient eux-mêmes comme ayant des lacunes, le monde qui les entoure les voit de la même façon. On les traite en fonction de cette incompétence apparente qu'ils projettent, ce qui ne fait que confirmer ce qu'ils savent déjà, c'est-à-dire que ce sont des cas désespérés.

Honnêtement, le fait que vos parents n'aient pas accompli grand-chose dans la vie a très peu à voir, et peut-être même rien du tout, avec leur niveau de scolarisation. Rappelez-vous qu'ils possédaient sans doute des vaches qui vous sont absolument inconnues. Sachez que même si le fait qu'ils n'aient pas réussi dans la vie était le résultat de leur manque de scolarisation, cela ne signifie en rien que vous deviez partager le même sort. Par conséquent, méfiez-vous de votre dialogue interne.

Lorsqu'il a déménagé en Australie pour commencer une nouvelle vie, Joe Ferrer était terrifié à l'idée d'exercer un emploi autre que celui en vue duquel il avait suivi une formation. Après tout, il avait consacré de nombreuses années à des études ciblées sur la profession de son choix.

Même s'il n'y avait qu'une demande très limitée pour son métier dans ce nouveau pays, l'idée de devoir s'aventurer dans un nouveau domaine suffisait à provoquer en lui des sentiments d'angoisse et de crainte face à l'avenir. Pendant longtemps, cette peur l'empêcha d'envisager d'autres possibilités sur le plan professionnel. Bien sûr, il y avait bien d'autres métiers qui lui plaisaient, mais que penseraient ses parents et amis s'ils apprenaient qu'il avait abandonné sa carrière ?

Son appréhension était d'autant plus vive qu'il pensait que le fait de changer de secteur d'activité voudrait dire que ses années d'études avaient été une perte de temps. Et quoi s'il faisait le mauvais choix ? Pendant des années, la conviction que chacun devrait rester fidèle à son domaine de formation le paralysa, l'empêchant de prendre quelque décision que ce soit. Ce n'est que lorsqu'il s'aperçut des effets dévastateurs de son attitude – laquelle reposait sur une autre hypothèse erronée – qu'il décida d'agir et de poursuivre sa vie.

À notre époque de marchés mondiaux, de réduction des effectifs et de grande mobilité de la main-d'œuvre, c'est un choix auquel de plus en plus de gens font face. Beaucoup d'entre eux, tout comme Joe, sont horrifiés à l'idée d'exercer un emploi autre que celui pour lequel ils ont été formés. Cette crainte est d'autant plus redoutable que selon certaines études, la population active devra changer de carrière sept fois au cours de sa vie.

Heureusement, Joe décida de vaincre sa crainte – de tuer sa vache – et de se lancer dans un tout autre secteur. À la suite de cette décision d'agir, non seulement il découvrit une profonde affinité avec sa nouvelle carrière, mais il connut assez rapidement une réussite éclatante et apprécie maintenant plus que jamais sa vie professionnelle.

Bien des gens craignent ce qui est nouveau ou inconnu. Il arrive que cette peur de ce qui ne leur est pas familier les prive de la découverte de nouveaux plaisirs élémentaires. Nous évitons d'explorer les mets, les cultures et les passe-temps que nous ne connaissons pas. Vivre sans prendre de risque devient un mode de vie qui limite notre potentiel de croissance et engendre de nombreuses craintes irrationnelles.

« Mieux vaut se limiter à ce que l'on connaît », « Pourquoi gâcher une bonne chose ? », « Si ça marche, n'y touchons pas » ou encore le vieil adage cité précédemment « Mieux vaut un mal connu qu'un bien qui reste à connaître ». Toutes ces expressions familières tendent à nous dissuader de quitter notre zone de confort. En réalité, cette sûreté et cette sécurité apparentes que nous procure ce qui nous est familier peuvent nous empêcher, et nous empêchent effectivement, d'effectuer des changements de carrière que nous aurions dû faire depuis longtemps ou de mettre fin à des relations violentes par crainte de nous retrouver dans une situation pire encore.

Quelle est la leçon à tirer ici ? Nous devons nous demander si les craintes, les inquiétudes et les incertitudes auxquelles nous faisons face naissent de fausses croyances établies au cours de notre vie. Vous ne devriez accepter aucune limite sans vous demander si elle est véritable ou non. Rappelez-vous que vous serez toujours la personne que vous pensez être. Si vous vous croyez capable de réussir, vous réussirez sûrement. Si vous vous en croyez incapable, la partie est perdue d'avance. À vous de décider !

Lorsque la conformité s'installe

Il n'est pas surprenant, tant que nous pouvons justifier ou excuser une sale habitude ou une mauvaise attitude, que nous ne fassions rien pour y changer quoi que ce soit. La raison en est simple. Tant que nous pouvons rationaliser les circonstances comme étant « tout simplement ainsi » ou « hors de notre contrôle », nous n'éprouvons aucun besoin d'y remédier. Après tout, « Si ça marche… »

Les gens ont recours à une multitude de justifications pour rationaliser leur mauvaise santé, leurs relations tourmentées ou leurs faibles compétences parentales. Nous pleurnichons, nous nous lamentons et nous nous plaignons des choses qui nous ennuient, mais sans jamais y changer quoi que ce soit. Au lieu de cela, nous cherchons quelque bonne excuse pour expliquer ce qui nous empêche d'agir.

« J'aimerais pouvoir mieux prendre soin de moi, mais je n'en ai simplement pas le temps. » « Les soins médicaux coûtent tout simplement trop cher. » « Je n'ai pas confiance en les médecins. » Voilà quelques raisons qui semblent suffire aux personnes désireuses de justifier leur mauvaise santé.

Le problème flagrant ici, c'est qu'aucune de ces excuses ne peut les soulager de leurs maladies ou les aider à améliorer leur état de santé.

Il en est de même dans les autres domaines de la vie. Voici un exemple d'excuse dont se servent certains parents pour rationaliser le fait de ne pas consacrer davantage de temps à leurs enfants : « Je suis tout simplement trop fatigué lorsque je rentre du travail. J'aimerais passer plus de temps avec eux, mais je travaille fort afin de leur procurer une meilleure vie. J'espère qu'ils se rendent compte que c'est ma façon de leur montrer que je les aime. » Voilà qui ne ressemble en rien à une excuse, n'est-ce pas ? C'est là le problème de la plupart des vaches. Elles paraissent si crédibles et si rationnelles qu'il semble inutile de les mettre en doute.

Il arrive, lorsque je me hasarde à aider des parents à voir que cette idée est une aberration, qu'on me réponde par une vache encore plus grosse : « Ce n'est pas la quantité, mais la qualité du temps que je passe avec mes enfants qui compte. » Que dire de cette vache-là ? Elle est si convaincante qu'elle supprime pratiquement le besoin de consacrer davantage de temps à ses enfants. Après tout, si vous l'admettez vraiment comme une vérité, vous n'avez sans doute aucun mal à croire que les cinq minutes par jour que vous passez en compagnie de vos enfants représentent « du temps de qualité ». Voyez-vous le danger inhérent à cette vache ? La vérité, c'est que la quantité de temps que nous accordons à nos enfants importe tout autant que la qualité. D'ailleurs, si je devais choisir entre les deux, j'opterais pour la quantité.

Il y a des domaines où la qualité seule ne suffit pas. Si vous entretenez le moindre doute à cet effet, imaginez que vous allez au restaurant avec un ami et que vous commandez tous les deux du bifteck. Le serveur apporte à votre ami une belle grosse tranche bien juteuse, mais votre propre assiette semble contenir une portion d'enfant. Lorsque vous vous plaignez de cette disparité, et soyez certain que vous n'y manqueriez pas, le serveur vous répond : « Oh, mais Monsieur, l'explication est simple. Votre tranche est d'une qualité bien supérieure. » Peut-être dans une telle situation est-ce vous qui expliqueriez au serveur que la quantité importe tout autant que la qualité.

Moi-même père de trois enfants, à force de discuter avec d'autres parents, j'en suis venu à la conclusion que les enfants se contentent toujours du temps qu'on veut bien leur accorder. Si l'on n'est pas là pour jouer avec eux, ils se trouvent un ami ou un autre moyen de se distraire. Si l'on n'est pas disponible pour les aider à faire leurs devoirs, ils font tout simplement de leur mieux tout seuls. Si l'on n'est pas là pour les aider à résoudre les problèmes ou les situations difficiles qu'ils peuvent rencontrer, ils demandent conseil à quiconque est disposé à les écouter.

Une chose est sûre cependant : les attitudes, l'estime de soi et le caractère que nos enfants développent sont modelés en fonction de la qualité *et* de la quantité de temps que nous choisissons de leur accorder. Vous pouvez avoir sur vos enfants un effet positif à vie ou choisir de vous accrocher à la vache de type « je n'ai pas le temps ». À vous de décider.

Soyez créatif : inventez toutes sortes de façons de prendre part aux activités de vos enfants et de les encourager à participer aux vôtres. Intéressez-vous à leurs passe-temps. À table, posez-leur davantage de questions. Passez du temps avec eux tous les soirs avant qu'ils n'aillent se coucher. Aidez-les avec leurs devoirs et avec leurs projets scolaires. Organisez des activités de fin de semaine qui prêtent au rapprochement. Ne vous contentez pas de combler leurs besoins fondamentaux. C'est ce que vous ferez au-delà de ces besoins de base qui formera leur caractère et les aidera à cultiver les valeurs et les principes qui les guideront tout au long de la vie.

Comme vous l'avez vu au cours du présent chapitre, les vaches se trouvent sans peine dans la vie. Il est facile de se laisser prendre au piège de la rationalisation. Nous pouvons vivre toute notre vie sans jamais connaître notre potentiel si nous avons programmé notre esprit à partir d'une mauvaise série de croyances. Nous pouvons miner nos propres chances de réussite en acceptant de telles pensées limitatives.

Je me demande souvent ce qui peut bien pousser les gens à choisir de passer leur vie avec le fardeau de toutes ces croyances limitatives sur les épaules, même en sachant que le fait de s'y accrocher les prive d'une vie enrichissante et joyeuse. Il semble illogique de se cramponner à quelque chose au complet détriment de son propre bonheur. Pourtant, si absurde que cela puisse paraître, bien des gens ont décidé volontairement de permettre à une série de fausses croyances de saboter leur succès.

Un ennemi du nom de « moyen »

J'ai entendu un jour un entraîneur sportif qui exaltait son équipe en ces termes : « *Bon* est l'ennemi de *remarquable !* » Pendant un moment, je réfléchis à la grande sagesse contenue dans cette simple affirmation. Tant que nous nous contenterons d'être simplement *bons*, nous ne serons jamais *remarquables*. L'auteur britannique Somerset Maugham a dit ceci : « C'est curieux : quand on refuse tout sauf le meilleur, on l'obtient dans bien des cas. » Le contraire est également vrai. Si vous vous contentez d'une vie moyenne ou d'une existence médiocre, vous l'obtiendrez probablement aussi.

Si certaines personnes traversent la vie sans savoir qu'elles transportent des vaches sur leur dos, d'autres qui en sont conscientes continuent de les entretenir et même de les alimenter. Pourquoi ? Parce que ces vaches leur apportent une zone de confort où la médiocrité est malheureusement très acceptable. Ainsi donc, ces personnes entretiennent volontairement leur troupeau qui leur permet de rejeter toute responsabilité face à leur insuccès et toute faute ailleurs. Elles ont une excuse pour chaque raison, pour chaque saison et pour chaque jour de la semaine.

Si nous étions soudainement dénués de toute excuse pouvant justifier notre médiocrité, il ne nous resterait que deux simples choix : accepter l'entière responsabilité des circonstances et changer (succès !) ou accepter le fait que nous sommes incapables de prendre en main notre vie et capituler (échec !). Devant ces deux choix, c'est-à-dire changer ou capituler, le bon semble évident.

Malheureusement, les vaches nous fournissent une troisième possibilité dont les effets sont plus dévastateurs que l'échec même : il s'agit de la médiocrité qui fait de nous des gens pleins de bonnes intentions, mais victimes d'une cruelle destinée. Nous voulons être remarquables, mais nous en sommes incapables. Nous voulons réaliser de grandes choses, mais nous ne le pouvons pas. Il nous manque l'inspiration, les gènes, les talents ou la chance nécessaires. Nous devons donc nous contenter de ce qui est à notre portée.

Cette troisième possibilité qu'est la médiocrité est pire que l'échec total. Au moins, lorsqu'on touche le fond, on est obligé de réexaminer les circonstances et d'envisager d'autres possibilités. Lorsqu'on touche le fond et que l'on se retrouve au point le plus bas de sa vie, on ne peut que remonter la pente. La misère la plus totale, l'échec le plus cuisant ou la dépression la plus grave provoquent des situations *extrêmes* qui nous forcent à agir. Ce n'est pas le cas de la médiocrité dont le plus grand danger est d'être tolérable. On peut en être entouré et s'y habituer.

J'aimerais partager avec vous une histoire que l'on m'a racontée il y a un certain temps et qui illustre très bien ce point :

Un homme alla rendre visite à un vieux fermier qui était aussi un chasseur réputé. En arrivant à la ferme, il remarqua l'un des chiens de chasse de ce dernier vautré sur la galerie. Il était clair que l'animal était inconfortable ; quelque chose le gênait, car il aboyait et geignait sans cesse. Au bout de quelques minutes, l'homme demanda au fermier ce qui pouvait bien causer tant d'inconfort à la pauvre bête.

« Ne prêtez pas attention à ce vieux chien, lui répondit le fermier, ça fait des années que ça dure. »

« L'avez-vous déjà emmené chez le vétérinaire pour savoir ce qui ne va pas ? » demanda l'homme.

« Pas la peine, je sais exactement ce qu'il a. C'est tout simplement un grand paresseux. »

« Mais pourquoi geint-il ainsi ? »

« Vous voyez, répondit le fermier, il se trouve que justement à l'endroit du plancher où il est assis, il y a un clou qui dépasse. Ça lui pique la patte et ça l'irrite. Donc chaque fois qu'il s'assied là, il aboie et geint. »

Interloqué, le visiteur s'exclama « Mais pourquoi ne va-t-il pas s'asseoir ailleurs ? »

« Eh bien, de répondre le fermier, je suppose que ça ne le gêne pas suffisamment. »

Cela dit, nous voilà au cœur du problème en ce qui concerne la médiocrité : elle peut être gênante et même parfois douloureuse, mais jamais assez frustrante pour nous obliger à prendre la décision de changer les choses.

Connaissez-vous quelqu'un qui se trouve dans cette situation ? Et vous ? Avez-vous *vous-même* quelque épine dans le pied qui vous empêche de vivre la vie que vous méritez ? Si c'est le cas, décidez dès maintenant d'agir et d'éliminer toutes les vaches qui vous dérobent la possibilité de réaliser votre potentiel.

Chapitre 4

Des vaches de toutes les couleurs

Ce livre a métamorphosé ma façon de voir le monde. Ayant examiné soigneusement mes réalisations à ce jour, j'ai compris que j'aurais pu accomplir bien davantage dans la vie sans ces « vaches » à cause desquelles je me suis contentée de modestes objectifs. Malgré mon grand potentiel, j'ai gâché une bonne partie de ma vie en m'accrochant à des excuses telles que « Mes parents ne m'ont pas assez appuyée financièrement (ou émotionnellement), et c'est pour cela que j'ai eu tant de difficulté à terminer mes études ». Ayant déménagé à l'étranger, je me suis cachée derrière une autre vache : « C'est terriblement difficile de progresser dans un pays étranger », « Les étrangers ne sont pas les bienvenus dans ce pays ». Je jouais sans cesse à la victime. J'ai cependant fini par comprendre qu'il n'en tenait qu'à moi de modifier le cours des choses dans ma propre vie. La plus grande leçon que j'ai apprise, c'est qu'il n'y a pas de plus grand obstacle que les limites que l'on s'impose soi-même.

— LILLIAN INURRIGARO, MEXICO CITY, AU MEXIQUE

Il n'y a pas de + gd obstacle k les limites k l'on s'impose soi m

Il y a quelque temps, un de mes amis qui avait été élevé sur une ferme de l'ouest de la Pennsylvanie m'a décrit on ne peut plus clairement la raison pour laquelle certaines personnes ne sont pas conscientes de leurs propres croyances négatives.

Il m'a dit ceci : « Eh bien, Camilo, le fait est que les cochons ne savent pas que les cochons sentent mauvais ! » (Ni les vaches, j'imagine.) Il n'a pas eu besoin d'élucider.

De temps à autre, il arrive que l'on m'aborde au cours d'un de mes séminaires pour me dire, tout en confiance et avec un grand sourire, quelque chose comme : « Dr Cruz, j'ai bien réfléchi à ce que vous avez dit, mais je ne pense pas posséder de vaches. » Chaque fois que j'entends cela, je repense à la remarque amusante de mon ami avant de faire part à mon interlocuteur de quelques idées pour m'assurer qu'il a bien compris.

C'est exactement ce que je veux faire dans le présent chapitre. J'aimerais partager avec vous certaines vaches les plus souvent utilisées que j'espère ainsi vous aider à reconnaître et à éviter. Soyons clairs : si je les partage avec vous, ce n'est pas pour que vous les ajoutiez à votre propre répertoire. Je suis sûr que vous en avez déjà bien assez des vôtres. Mon but est de vous montrer que les vaches existent dans une variété de couleurs.

La vache de type «ça va»

- Ça va. Bien des gens sont bien plus mal lotis que moi.

- Je déteste mon travail, mais je ne peux pas me plaindre… au moins, j'ai un emploi.

- Nous n'avons peut-être pas grand-chose, mais nous semblons toujours avoir de quoi nous mettre sous la dent.

- J'ai passé l'examen de justesse, mais au moins je n'ai pas échoué. Peut-être serait-il temps que j'accepte le fait que ne suis pas aussi intelligent que les autres.

Le grand danger de cette vache de type «ça va», c'est que les gens qui disent que «ça va» et qui se contentent de leur état ne voient aucune raison d'améliorer leur vie. Rappelez-vous la déclaration du chapitre précédent: *Bon* est l'ennemi de *remarquable*.

Le fait de trouver une excuse qui justifie notre médiocrité nous fait accepter des situations et des circonstances qu'autrement nous n'aurions pas tolérées. La vache de Laura Dante était la suivante: «Même si je déteste mon travail, je ne peux pas démissionner et courir le risque de devoir recommencer à zéro ou de ne pas réussir à trouver mieux.»

Cette crainte retenait Laura prisonnière d'un emploi médiocre qui mettait en danger sa santé physique et son bien-être émotionnel. Après avoir occupé ce poste pendant dix ans, elle avait le sentiment qu'elle ne pouvait rien espérer de mieux.

« L'idée de devoir assumer cet emploi pendant le restant de ma vie me faisait peur, mais je ne sais pas quoi faire d'autre. »

« Ayant compris que ma vache, c'était la crainte, dit Laura, j'avais plus que jamais la conviction que mon emploi m'avait enchaînée à une vie qui ne me permettrait jamais d'explorer de nouveaux horizons. Je devais agir rapidement, de peur d'être retenue prisonnière à vie d'un emploi sans issue. Cela n'a pas été facile de prendre une décision ; je manquais énormément de confiance en moi, mais j'ai décidé de démissionner. »

« Je suis maintenant en meilleure santé, plus en paix avec moi-même, et j'ai repris confiance en moi. Je n'éprouve presque plus de stress. Ce qui est le plus étonnant, c'est que je me suis aperçue que je n'avais aucune raison d'avoir peur. Je me suis vue offrir de meilleurs emplois et j'ai même réussi à prendre des congés, ce que je n'avais pas fait jusqu'alors par crainte de ne pas pouvoir me le permettre. »

L'histoire de Laura n'est qu'un exemple qui illustre comment une seule vache peut engendrer une série d'émotions négatives capables de saboter bien des domaines de notre vie. La bonne nouvelle cependant, c'est qu'en tuant *une seule* vache, Laura s'est ouvert plus d'une porte.

La vache de type « ce n'est pas de ma faute »

- Étant donné que je n'ai pas fait d'études supérieures, je n'ai pas si mal réussi. Dommage que mes parents n'aient pas eu la vision de me faire poursuivre des études.

- Je n'ai pas réussi, parce que mon conjoint (ou ma conjointe) ne m'appuie en rien.

- Peut-être que si mes parents n'avaient pas divorcé, ma vie personnelle serait moins tourmentée.

- Si mes affaires stagnent, c'est de la faute de cette économie minable. Si seulement le gouvernement venait davantage en aide aux propriétaires d'entreprises !

- Je n'ai tout simplement jamais eu de bons professeurs. Je n'ai jamais été assez motivé ou encouragé à faire quoi que ce soit de ma vie.

La vache qui faisait obstacle à Luis Varga, c'était l'idée qu'il lui fallait l'appui inconditionnel de sa famille pour avancer. « J'avais l'impression d'avoir passé toute ma vie à essayer de plaire à ma famille et à mes amis, dit-il. Chaque fois que je lançais un nouveau projet, je m'attendais à recevoir leur désapprobation, leurs conseils non sollicités et leurs innombrables suggestions. »

« Ne sois pas idiot. Comment peux-tu quitter cet emploi pour te lancer dans quelque nouvelle aventure ? Ne sois pas ingrat. Pense à tous les gens qui n'ont pas de travail. Qu'est-ce que tu y connais en affaires ? Un emploi monotone vaut mieux que pas d'emploi du tout. »

« J'ai toujours voulu posséder ma propre entreprise, mais comme si ces critiques ne suffisaient pas, je me trouvais dans une situation qui aurait pu devenir mon pire obstacle. J'occupais un emploi *tolérable* – voilà déjà une grosse vache – qui m'apportait la stabilité et un assez bon salaire ; j'avais en plus un patron formidable. Il n'en reste pas moins que mes aspirations allaient bien au-delà de tout ce que ce travail aurait pu m'offrir.

« Ce soi-disant *bon emploi* constituait ma plus grosse vache, et j'étais prêt à m'en défaire. Rassemblant tout mon courage, j'ai décidé de lancer ma propre affaire, faisant la sourde oreille aux critiques que l'on m'adressait.

« Maintenant, six mois plus tard, les choses ont tourné mieux que je ne l'aurais imaginé, à tel point que de nombreux amis parmi ceux qui avaient tenté de me dissuader de me lancer dans cette aventure m'encouragent maintenant à continuer. Je pense qu'il y a des choses que l'on ne peut découvrir que si l'on est disposé à courir des risques. »

Je comprends tout à fait Luis, pour avoir eu ma part de « bons emplois » avant de décider de lancer ma propre entreprise il y a plus de quinze ans. Tous les postes que j'avais occupés auraient été des raisons valables de ne pas m'engager dans une aventure aussi risquée que la création de ma propre entreprise, particulièrement dans un domaine que je ne connaissais pas du tout à ce moment-là. Toutefois, il y a longtemps que j'ai compris que, tout comme la vache de notre histoire, un « bon emploi » peut parfois nous empêcher de connaître des aboutissements formidables.

La meilleure raison de tuer la vache de type « ce n'est pas de ma faute », c'est que, si vous y pensez sérieusement et êtes honnête envers vous-même, vous vous apercevrez que presque tout ce qui vous arrive dépend de vous. De vous, et non pas de vos parents, de votre patron, de l'économie ou de quoi que ce soit d'autre. Même les émotions négatives que nous pouvons ressentir et pour lesquelles nous avons tendance à blâmer les autres dépendent de nous. La citation qui suit, et que l'on attribue souvent à Eleanor Roosevelt, est peut-être celle qui reflète le mieux cette idée : « Personne ne peut vous diminuer sans que vous y consentiez. »

De la même façon, vous ne pouvez pas tenir les critiques d'un ami responsables de vos frustrations, sauf si vous avez résolu d'accorder plus de valeur à ses critiques qu'à votre propre opinion et à votre propre image de vous. Une journée pluvieuse ne peut pas gâcher vos plans ou vous rendre maussade, comme c'est souvent le cas, à moins que vous ne laissiez le temps devenir le facteur le plus déterminant de votre humeur un jour donné. Par conséquent, comme vous pouvez le voir, c'est toujours de votre faute – métaphoriquement parlant.

La vache de type « fausses croyances »

- Comme mon père était alcoolique, j'ai de fortes chances de le devenir aussi.
- Je ne veux pas faire beaucoup d'argent, parce que la richesse est synonyme de corruption.
- Étant donné que je n'ai jamais fait d'études, je n'arriverai sans doute pas à grand-chose.

Je le répète, ces vaches tendent à être très dangereuses pour une simple raison : les fausses croyances sont des affirmations erronées que nous avons acceptées comme des vérités.

Peu de temps après la sortie de la superproduction intitulée *Rocky*, Sylvester Stallone fut interviewé au sujet d'une scène précise de son film dans laquelle Rocky affirme la chose suivante : « Mon paternel, qui était pas brillant, m'a dit que comme j'étais pas futé, j'avais intérêt à miser sur mon physique. » [Traduction libre]

Stallone, qui est l'auteur du scénario de ce film, admit que son propre père lui répétait cela sans cesse. Il poursuivit en disant que pendant longtemps, cette croyance limitative l'avait empêché de voir son véritable potentiel, jusqu'au jour où il avait cessé de croire en les paroles de son père et où il avait commencé à croire en lui-même.

Fait intéressant, Adrian, la fiancée de Rocky, avait répliqué : « Ma mère me disait exactement le contraire. Elle me disait que comme je n'avais pas un physique extraordinaire, j'avais intérêt à cultiver ma matière grise. » [Traduction libre]

Croire en soi signifie tout simplement être capable de reconnaître ses propres forces et talents, les revendiquer, les accepter et les mettre à profit.

Les fausses croyances peuvent nous condamner à une vie médiocre si nous les laissons faire. L'effet libérateur que l'on ressent en se débarrassant de ce type de vache suffit à nous ouvrir les yeux sur un monde d'occasions nouvelles et inattendues.

La vache de type « C'est la vérité ! Ce n'est pas une excuse »

- J'aimerais bien pouvoir faire plus d'exercice, mais il n'y a pas de gymnase près de chez moi.

- Je ne veux rien commencer de nouveau, tant que je ne me sens pas prêt à m'y engager entièrement.

- J'aimerais lire davantage, mais je n'en ai simplement pas le temps.

- Je ne veux rien commencer, tant que je ne sais pas le faire à la perfection.

Joseph se voit comme étant perfectionniste. À mon avis, le perfectionnisme est l'une des pires vaches qui soient, et ce, pour une raison bien simple : il ne s'agit que d'une vache déguisée en qualité souhaitable qui, ainsi masquée, ressemble davantage à une vertu qu'à une mauvaise habitude.

« Si une chose vaut la peine d'être faite, elle vaut la peine d'être bien faite ou de ne pas être faite du tout. C'est ainsi que je suis fait. »

Avez-vous bien entendu ? Qu'y a-t-il à redire à cela ? Cette assertion communique un sens de responsabilité, de dévouement et un engagement vis-à-vis de l'excellence. Le problème, c'est que pour la plupart d'entre nous, elle devient une excuse comme une autre qui nous paralyse en nous donnant l'impression de ne jamais être tout à fait prêts. En réalité, la seule façon d'arriver à faire une chose bien, c'est de la faire à répétition et de prendre des risques au moment présent.

Autrement dit, il faudrait plutôt dire : « Si une chose vaut la peine d'être faite, elle vaut probablement la peine d'être mal faite tant qu'on ne l'a pas maîtrisée. » Par conséquent, lancez-vous dès que possible. Allez-y avec les moyens que vous avez aujourd'hui.

Le perfectionnisme de Joseph communiquait le message suivant : « J'exige la qualité en toute chose, dans ce que j'achète, dans les services auxquels j'ai recours, dans le comportement et dans le rendement des autres. Je suis de surcroît particulièrement exigeant envers moi-même. Je fonctionne à un niveau supérieur à celui de quiconque. »

« Bien sûr, me confia Joseph, j'étendais ces exigences à ma femme et à mes enfants. À un certain moment, j'exerçais une telle pression sur mon fils pour qu'il fasse tout parfaitement que la plus grande part de ma rétroaction revêtait un air de réprimande et de critique. Je ne cessais d'attirer l'attention sur ses erreurs et sur ses défauts. Peu à peu, notre relation s'est mise à se détériorer. Mon fils était constamment stressé. Sans m'en apercevoir, je lui transmettais cette terrible vache, ce qui commençait à lui déplaire fortement.

« J'ai fini par comprendre que je n'ai pas besoin d'exiger de mes enfants la perfection pour qu'ils comprennent l'importance de l'excellence. Et devinez quoi ! Depuis que je les laisse tranquilles, mon fils a appris de lui-même qu'il ne doit jamais se contenter de la médiocrité. Or c'est justement la leçon que je voulais lui transmettre. »

Sachez que chaque fois que vous dites quelque chose comme : « J'aimerais… mais », ce qui suit ce *mais* est très probablement une vache.

La vache de type « Je me sens si impuissant ! »

- Vous savez, ça n'a jamais été mon point fort.
- Je pense que le succès n'est tout simplement pas donné à tout le monde.
- Malheureusement, je crois que mon problème de poids est génétique. Je n'y peux rien.
- Il est difficile de corriger les mauvaises habitudes que l'on a prises lorsqu'on était enfant.
- Je suis tout simplement trop timide. Je crois que j'ai ça dans le sang.

La plupart des limites que nous nous infligeons ne sont que des idées absurdes concernant nos capacités.

Lorsque nous avons publié le présent livre en espagnol, nous avons donné à nos lecteurs l'occasion de partager avec nous les vaches qu'ils avaient réussi à éliminer grâce à cet outil. J'aimerais vous raconter l'histoire de Rodrigo, un jeune homme qui nous a écrit d'Argentine pour nous faire part de sa victoire personnelle. Cette vache peut sembler dérisoire à quelqu'un qui essaierait de surmonter une dépendance ou de quitter une relation de violence, mais je la crois assez révélatrice de la façon dont bien des gens permettent à la vache de type « Je me sens si impuissant ! » de maîtriser leur vie.

Rodrigo, qui entretenait la vache voulant qu'il soit très mauvais danseur, nous écrivit ce qui suit : « Après avoir lu ce livre, j'ai compris que pour que mes talents de danseur s'améliorent, il fallait que je fasse quelque chose. Je me suis donc inscrit à des cours de danse, plus précisément à des cours de *salsa* dont le rythme m'était complètement inconnu. Au début, c'était pour le moins embarrassant. Il m'aura fallu quelque temps pour me dégeler, mais une fois cette étape surmontée, cela s'est bien passé. Maintenant, je me considère un assez bon danseur. »

N'acceptez aucune limite sans la remettre en question. Un jour, m'adressant à un groupe d'étudiants à ce sujet, pour faire valoir mon point de vue, je demandai à l'un d'eux s'il tirait bien de la ligne de lancer franc. « Oh non, pas moi ! répondit-il. Je ne suis pas bon en basket-ball. »

« As-tu déjà essayé ? », lui avais-je demandé.

« Non, jamais ! »

« Alors comment sais-tu que tu n'es pas bon ? Tu as peut-être un don inné. C'est peut-être aussi beaucoup plus facile que tu ne le crois. »

Mon message est bien passé. Vous ne pouvez pas présumer que vous n'êtes pas doué pour une chose simplement parce que vous ne l'avez jamais essayée. Ce n'est qu'à force de répétition que l'on apprend et que l'on acquiert de l'expérience. Ainsi, si vous voulez tuer ce type de vache, vous devez décider d'*agir*.

Tandis que je rédigeais la présente section en pensant à Rodrigo et à ses piètres talents de danseur et au jeune homme qui n'avait pas grande confiance en ses capacités de joueur de basket-ball, je suis tombé par pure coïncidence sur un proverbe que je pense être à la source de si faibles attentes. Quoique grossier, il donne un aperçu de la façon de voir les choses des personnes qui ne sont pas disposées à courir des risques et qui, au lieu de cela, permettent à la vache de type « Je me sens si impuissant ! » de leur dissimuler leur propre potentiel. Il s'agit de « Mieux vaut se taire et passer pour un imbécile que de l'ouvrir et de ne laisser aucun doute à ce sujet ».

Ce qu'il y a de tragique dans cette façon de penser, c'est que l'on admet implicitement que l'on est dépourvu de talent, qu'il est inutile d'essayer et que cela ne peut que nous mettre dans une situation embarrassante. C'est cela qui avait empêché Rodrigo de courir le risque, jusqu'au jour où il s'était demandé « Pourquoi pas ? ».

Les vaches « philosophiques »

- L'important ce n'est pas de gagner ou de perdre, mais de bien jouer.

- Si Dieu veut que je réussisse, il m'indiquera le chemin. Il suffit que je sois patient.

- Malheureusement, je ne suis pas né avec une petite cuillère en argent dans la bouche.

- Le succès ne dépend pas de *ce que l'on sait,* mais de *qui l'on connaît*; or je ne connais personne.

- Les riches s'enrichissent tandis que les pauvres s'appauvrissent.

Voilà ce que j'appelle des vaches philosophiques, parce qu'elles illustrent à quel point nous sommes déterminés à trouver un verbiage en apparence profond pour nous assurer que nos excuses ne ressemblent pas trop… à des excuses justement.

Je connais quelqu'un qui ne cesse de rabâcher la fameuse citation, à savoir «Ce qui compte, ce n'est pas ce que l'on sait, mais qui l'on connaît», pour expliquer l'état stagnant de sa carrière. Peu importe qu'il n'ait pas, depuis qu'il a terminé ses études, suivi un seul cours d'appoint pour rester au fait de sa profession, qu'il ne se porte jamais volontaire ni ne prenne l'initiative de faire quoi que ce soit qui sorte le moindrement de sa description d'emploi. D'après lui, s'il n'avance pas, c'est qu'il ne connaît pas les *bonnes personnes* de l'entreprise.

Carla, quant à elle, ne voyait pas en sa vache de type «l'important n'est pas de gagner ou de perdre, mais de bien jouer» une mauvaise façon d'aborder la vie. Effectivement, à condition de ne pas l'examiner de trop près, on pourrait y voir certaines caractéristiques nobles. Et pourtant, voyons les conséquences inhérentes à une telle vache.

Comment peut-on utiliser son plein potentiel si l'on considère le fait de gagner ou de perdre sur un pied d'égalité ? Je dois dire que j'ai parfois affaire lors de mes ateliers à des personnes qui sont très mal à l'aise face à ce sujet. Cette maxime est si ancrée dans leur inconscient que certaines d'entre elles trouvent en quelque sorte offensante l'importance que j'accorde au fait de gagner. Il y en a même selon qui le fait de gagner serait « surfait ».

Mon intention n'est pas de paraître dogmatique face à cette idée. Tout ce que je cherche à faire, c'est de déterminer si le fait de nous y accrocher nous aide ou nous cause du tort.

Je me rappelle en particulier un atelier lors duquel j'avais posé au public la question suivante : « Si l'important n'est pas de gagner ou de perdre, combien d'entre vous n'auraient pas d'objection à perdre au jeu de la vie ? » Pas une seule main ne s'était levée.

Voyez-vous, si tout ce qu'il y a à perdre ressemble à une partie d'échecs, cela n'a peut-être pas grande importance. Cependant, nous ne devrions pas accepter aussi facilement la possibilité de perdre lorsque nos objectifs, nos rêves et notre bonheur sont en jeu.

Le problème majeur en ce qui concerne ces idées, c'est qu'une fois qu'on les a admises dans un domaine quelconque de sa vie, on tend à les adopter comme principes directeurs dans tous les domaines de la vie.

D'ailleurs, avant d'adopter trop rapidement une nouvelle règle, on devrait prendre en considération sa source. Qui pensez-vous est à l'origine de cet adage ? D'après moi, ce ne doit pas être un gagnant. Je vois en cette vache un monument extraordinaire à la médiocrité.

Sans le vouloir, Carla était victime d'une idée où elle trouvait la consolation de savoir que le véritable mérite reposait sur sa *volonté* de bien faire. « Cette idée absurde limitait à la fois mes efforts et mon esprit combatif » de se rappeler Carla qui, heureusement, a réussi à se débarrasser de cette vache. Depuis ce temps, lorsqu'elle n'atteint pas les résultats attendus, elle cherche à savoir pourquoi, change de tactique, demande de l'aide et essaie de nouveau. Sa nouvelle stratégie consiste à faire le nécessaire pour atteindre ses objectifs sans, bien sûr, compromettre ses principes et ses valeurs. Bravo !

La vache « du délire »

- Je peux arrêter de fumer quand je le veux. Je n'en ai tout simplement pas encore pris la décision.

- Ce n'est pas de la procrastination ; je travaille tout simplement mieux sous pression.

- Je n'ai aucun problème de poids. D'ailleurs, il n'y en a que plus à aimer.

- Je ne fais pas preuve de violence verbale envers mes enfants, simplement de fermeté.

- Je ne suis pas alcoolique. La consommation d'alcool en compagnie, vous connaissez ?

Avez-vous trouvé un dénominateur commun à toutes ces expressions ?

Toutes nous permettent de nous leurrer et de croire que nous n'avons pas de problème ou que si nous en avons un, il est minime ou ne dépend pas de nous. Le plus souvent, ces excuses sont liées d'une façon ou d'une autre à notre refus d'abandonner une mauvaise habitude comme la procrastination, la cigarette, l'alcool ou les abus alimentaires.

J'ai reçu il y a quelque temps un courriel de Carmen, une jeune fille qui voulait me raconter comment elle avait fini par maîtriser son problème de poids.

Dans le but de le contourner, elle s'était constitué tout un troupeau de vaches pour éviter de se faire du mauvais sang. « Je ne suis pas grosse, seulement grassouillette. » « C'est génétique. » « J'ai tout simplement une forte carrure. » « Est-ce de ma faute si je suis née dans une famille de personnes bien enveloppées ? »

Malheureusement, aucune de ces excuses ne lui apportait la paix : elle continuait de s'en faire malgré tout. Carmen a compris que tant qu'elle rejetait la faute de son surpoids sur quelqu'un ou sur quelque chose, elle ne réussirait jamais à perdre du poids, et donc à reprendre confiance en elle et à retrouver une bonne forme physique. Elle a donc pris la décision d'agir.

« J'ai décidé d'éliminer cette vache à tout jamais. Je fais de la natation et de l'aquaforme. Mes repas sont mieux équilibrés et je suis convaincue que j'atteindrai mon objectif. Je me sens mieux physiquement, et je sais que bientôt j'aurai l'aspect que je souhaite. »

C'est formidable !

Rappelez-vous que la seule chose que toutes les vaches mentionnées précédemment ont en commun, c'est qu'elles vous retiennent prisonnier d'une vie de médiocrité. Pour tuer vos vaches, vous devez commencer par supprimer toutes ces expressions de votre vocabulaire, et cela dépend entièrement de vous. À vous de décider.

CHAPITRE 5

L'origine des vaches

Si enfant, j'étais mince, en cours d'adolescence je me suis mise à avoir des problèmes de poids. Mes études secondaires terminées, j'ai cessé de pratiquer des sports de compétition, sous prétexte que je manquais de temps. Tandis que je devenais accro à la nourriture, mes kilos en trop devenaient manifestes, car je ne cessais de consommer de la malbouffe. Comme si cela ne suffisait pas, à la suite de l'échec d'une relation, j'ai décidé de jeter l'éponge, perdant entièrement la maîtrise de mon poids. Je me suis habituée à ma corpulence au point d'accepter ma nouvelle silhouette. Tout allait bien sur le plan professionnel. Je me faisais de nouveaux amis et je me suis mise à faire la fête, mais en fin de compte je me leurrais. Je savais bien que je n'étais pas heureuse. Un beau jour, j'en ai eu assez : j'ai décidé de me débarrasser de mon surpoids et de mes excuses. Je me suis inscrite au gymnase que je fréquente cinq fois par semaine, et j'ai adopté un régime alimentaire équilibré. Au cours des douze derniers mois, j'ai réussi à perdre 28 kilos ; mon poids est stable depuis maintenant trois mois. Ce qui importe le plus, c'est que je me sente mieux, en meilleure santé, plus jeune et plus attrayante. J'éprouve un sentiment de bien-être à l'idée d'être devenue une source d'inspiration pour certains membres de ma famille, ainsi que pour mes amis et collègues.

— CLAUDIA KAKUTANI, LIMA, AU PÉROU

Ce n'est jamais notre intention, délibérée du moins, de consacrer notre vie au soin et à la préservation des vaches que nos parents nous ont transmises ou que nous avons acquises en cours de route. Ce n'est pas non plus volontairement que nous adoptons des attitudes et des comportements qui sabotent notre succès, juste pour confirmer nos dires. Une chose est certaine : la plupart d'entre nous n'aiment pas particulièrement souffrir ni ne possèdent de tendances masochistes.

Si absurde que cela puisse paraître, la plupart des prétextes et des croyances limitatives que nous adoptons proviennent de bonnes intentions. Derrière chaque comportement, peu importe sa nature autodestructrice, repose une intention positive. D'une manière générale, nous n'adoptons pas de mauvaises habitudes pour nous causer volontairement du tort. C'est tout simplement que nous croyons pouvoir en tirer quelque bienfait.

« Je peux arrêter de fumer quand je le veux. Je n'en ai tout simplement pas encore pris la décision. » Cette justification n'est qu'une échappatoire qui sert à contourner un problème. C'est un moyen facile pour les fumeurs qui semblent incapables de renoncer à leur mauvaise habitude de ne rien changer à leur comportement destructeur, de cacher leur incapacité de s'affranchir de cette dépendance et de garder leur estime d'eux-mêmes, tout cela en même temps.

Cette vache leur procure la fausse impression qu'ils « maîtrisent la situation ». Elle leur dissimule la réalité, à savoir que c'est en fait leur habitude qui les tient. Ce qu'il y a de plus grave, c'est que l'on peut transporter cette vache tout au long de sa vie sans jamais avoir à l'affronter.

Nous avons recours à un tas d'autres croyances limitatives de ce type, celles-ci n'ayant pour véritable objectif que de nous aider à surmonter notre sentiment d'impuissance.

D'autres croyances, tout aussi nuisibles, visent à nous protéger contre notre déception face aux échecs. Parmi les plus courantes, la fameuse vache de type « ça n'est pas mon point fort » est parmi les plus dévastatrices. Vous n'avez aucune idée du nombre de gens qui répondent cela automatiquement et presque systématiquement, que ce soit à l'école, au travail ou à la maison. Voyons si ce qui suit vous semble familier.

Karla : Joseph, je voudrais que tu fasses une présentation de cinq minutes à la classe, sur le sujet de ton choix.

Joseph : Oh non, je vous en supplie, tout sauf ça ! Parler en public, ça n'est tout simplement pas mon point fort. Je suis de nature timide.

George : Cindy, j'aimerais que vous appeliez ce client et que vous l'informiez de notre nouvelle ligne de produits.

Cindy : Oh non, pas moi ! Je suis très mauvaise vendeuse. La vente, ce n'est vraiment pas mon truc.

Amanda : Alors Karl, vous êtes responsable de rédiger le rapport.

Karl : Vous voulez rire ! Je suis *incapable* de rédiger. J'ai toujours été nul dans ce domaine !

Ce qu'il y a de plus grave, c'est que la plupart des gens qui se reconnaissent des lacunes le font sans même savoir si celles-ci sont fondées.

J'ai rencontré Francisco lors d'un événement réunissant plus de cinq mille participants. Avant que je ne monte sur l'estrade, au cours d'une conversation informelle que j'eus avec quelques participants, il m'avoua être si timide qu'il lui était impossible de converser avec un groupe de plus de quatre ou cinq personnes.

Cela le mettait tellement mal à l'aise et le rendait tellement anxieux qu'il se mettait à transpirer ; il perdait tous ses moyens, au point qu'il lui arrivait de ne pas pouvoir proférer une seule parole. De tels cas sont assez inhabituels, mais les personnes concernées vivent une vie de supplice et de frustration.

Juste avant de monter sur scène, je demandai à Francisco s'il voulait bien me rendre service un peu plus tard, mais sans lui dire de quoi il s'agissait. Il accepta avec un peu de réticence.

Aussi, sans autre précision, je lui demandai de s'asseoir au premier rang. Puis, en cours de présentation, je lui demandai de monter sur scène. Dans le cadre d'une séance de jeu de rôle visant à mettre en évidence le pouvoir de persuasion, je voulais qu'il développe un argumentaire devant le public.

Francisco dut penser qu'il vivait son pire cauchemar. Comment pouvais-je faire appel à lui après ce qu'il m'avait avoué seulement quelques minutes auparavant ?

Il tremblait un peu en montant sur scène. Il m'avait assuré qu'il voulait tuer cette vache, mais je crois deviner qu'il ne prévoyait pas qu'il aurait à le faire devant cinq mille étrangers. Nous commençâmes lentement. Sa première tentative fut piètre, c'est le moins que l'on puisse dire, mais je lui fis part de quelques idées pour rendre sa présentation un peu plus enthousiasmante. Il fit un nouvel essai. Je lui adressai encore quelques suggestions, et il essaya de nouveau.

Ce qui s'ensuivit tient presque du miracle. Dix minutes plus tard, cet homme qui avait été victime de la vache de type « je suis trop timide » pendant plus de cinquante ans faisait des blagues devant un public qui riait à gorge déployée et qui l'applaudissait.

Nous bavardâmes, une fois ma présentation terminée ; Francisco était manifestement pris d'émotion. Tout ce qu'il put me dire, c'est : « J'ignorais que j'avais ça dans le sang. »

Comment est-il que nous intériorisons des croyances qui limitent notre potentiel et dont nous n'osons que rarement remettre en question la véracité ? Comment arrivons-nous à nous attribuer des défauts et des lacunes qui plus tard, comme dans le cas de Francisco, s'avèrent être sans fondement ? Comment parvenons-nous à nous convaincre que nous ne sommes pas doués pour telle chose ou pour telle autre ?

Regardez comme il est facile d'adopter ces excuses. Admettons que vous appreniez un métier, une profession, une tâche ou un travail pour lequel vous pensez avoir des prédispositions. Vous aimez ce que vous faites et vous cultivez votre savoir-faire. Au bout d'un certain temps, vous vous dites : « Ça y est, j'ai trouvé ma voie ! Je suis bon en ce domaine. » Certaines personnes vont même jusqu'à dire qu'elles ont trouvé leur « vocation ».

Jusque-là, tout va bien. Il n'y a rien de mal à se reconnaître un talent naturel. Le problème, c'est que bien des gens en viennent à la conclusion qu'ils ne possèdent peut-être qu'un seul talent, comme semblent l'indiquer les expressions précédentes.

Partant du principe qu'elles ne pourraient pas être aussi efficaces dans d'autres domaines, ces personnes cessent d'essayer de cultiver d'autres types d'aptitudes. Elles se mettent à avancer des excuses – des vaches – pour trouver des raisons – encore des vaches – pour justifier leurs limites, ayant recours à des affirmations du style de celles-ci :

- J'ai toujours été ainsi.

- Laisse tomber ! Je n'ai aucune chance de faire ça bien.

- Je n'ai aucune prédisposition pour cette profession.

- Je n'ai ni le physique ni le talent qu'il faut pour pratiquer ce sport.
- Vous savez, je n'ai jamais été doué pour ce métier.
- Je n'ai pas la personnalité qu'il faut pour cela.

Ainsi, sans le vouloir, nous créons des limites qui inhibent notre croissance personnelle et nous cachent le potentiel illimité de chacun d'entre nous. Or le problème n'a en fait rien à voir avec notre physique, avec nos gènes, avec notre personnalité ou avec nos soi-disant capacités innées. Le véritable problème repose sur les programmes mentaux que nous avons entreposés dans notre inconscient et qui, agissant comme des mécanismes de défense, nous permettent de maintenir une image en apparence saine de nous-mêmes.

Ce n'est pas que nous nous considérions incompétents, mais nous avons l'air de penser que nous ne sommes doués que pour une seule chose. En croyant cela, nous répudions les nombreux talents dont nous avons été dotés et nous contentons d'une version réduite de nous-mêmes.

Les affirmations en apparence positives comme « Voilà sûrement mon point fort » peuvent renforcer deux idées très dangereuses : la première, qu'« au moins vous êtes capable de quelque chose » et la seconde, que « personne ne peut savoir tout faire ».

En réalité cependant, nous avons tous la capacité d'exceller en toutes sortes d'activités. En fait, nous possédons probablement bien plus de capacités et d'aptitudes naturelles que nous ne voulons le reconnaître, mais nous n'en ferons jamais l'expérience, tant que nous n'aurons pas tué la vache de type « c'est ici que se situe mon vrai talent ».

Nous devenons ce à quoi nous pensons.

Une croyance limitative peut aussi résulter d'expériences que nous entretenons dans notre mémoire, même lorsque celles-ci n'ont plus de raison d'être dans notre vie.

Selon le Dr C. R. Snyder, professeur de psychologie clinique à l'Université du Kansas, en tout début de scolarité, lorsque les enfants sont d'âge à s'inquiéter de ce que les autres pensent d'eux, ils commencent à voir la critique comme du rejet. Pour protéger leur ego, ils se mettent à trouver des excuses. Et c'est le prélude aux prétextes pour justifier un mauvais rendement.

Vous deviez avoir une dizaine d'années quand votre professeur de cinquième année vous a demandé de réciter un poème devant la classe. Et comme si cette expérience en soi n'était pas déjà assez traumatisante, celui-ci s'est moqué de vous et vous avez été la risée de vos camarades. Le moins que l'on puisse dire, c'est que naturellement, tout cela vous a mis très mal à l'aise. À ce moment précis, vous avez décidé que pour éviter toute autre humiliation et critique de la part de vos pairs, plus jamais vous ne vous exposeriez à un tel embarras en parlant en public.

Ayant laissé cette vache grossir pendant de nombreuses années, vous en êtes venu à accepter l'idée que vous n'êtes pas doué dans ce domaine. Vous en avez conclu que vous ne possédez tout simplement pas ce talent. Bien sûr, cela vous rassure de savoir que vous n'êtes pas le seul à être affligé de cette lacune. Vous vous justifiez en disant : « Ce n'est pas que je sois idiot, mais pouvoir parler en public n'est tout simplement pas donné à tout le monde. »

Aujourd'hui encore à l'âge de quarante ou de cinquante ans, lorsqu'on vous demande de fournir un aperçu de votre compagnie ou de présenter en dix minutes un projet mis en œuvre par votre service, vous répondez immédiatement : « Écoutez, demandez-moi de monter la présentation en entier. Je ferai toutes les recherches, et si vous le voulez, je peux même en faire l'ébauche et l'imprimer, mais ne me demandez pas de parler devant toutes ces personnes (même s'il s'agit d'un immense groupe de six !), car je vais tout gâcher. »

Vous ne vous êtes sans doute jamais donné une seconde chance au cours des trente dernières années, mais vous tenez pour acquis que votre capacité de parler en public n'a pas changé depuis l'âge de dix ans, ce qui est évidemment absurde.

Voyez-vous comme il est facile de laisser une croyance illogique comme celle-là décider de ce dont vous êtes capable ?

Rappelez-vous que chaque idée fausse que nous entreposons dans notre inconscient pendant de longues périodes et que nous validons par nos actions est une forme d'autohypnose. Au fil du temps, ces attentes négatives ont tendance à devenir des prophéties autoréalisatrices. Et c'est exactement ce qui empêche bien des gens de réussir. Ce type d'autohypnose encourage la programmation d'une série de fausses croyances et d'assertions erronées qui peuvent avoir été justifiées à un certain moment, mais qui ne sont plus fondées. Toutefois, comme nous les avons entreposées dans notre esprit au lieu de nous en débarrasser immédiatement, elles ont encore le pouvoir de nous toucher de façon extrêmement négative.

N'oubliez pas que vous devenez ce à quoi vous pensez, d'où le risque de laisser des pensées négatives s'introduire dans votre esprit. La bonne nouvelle, c'est que c'est vous qui êtes le gardien de ce dernier.

CHAPITRE 6

Tu n'accepteras pas de vache en cadeau !

J'ai toujours été consciente de la mauvaise habitude que j'ai de remettre à plus tard les projets que je ne sais par où commencer et qui me tirent de ma zone de confort. J'ai tendance à trouver des tas d'autres occupations afin de pouvoir dire que je suis trop occupée. C'est une excellente façon de ne pas échouer face à de nouveaux défis. Même si j'entreprends un nouveau projet, je réussis toujours à revenir à ce que je connais et à ce que je suis capable de faire les yeux fermés, plutôt que de tenter d'atteindre ce nouvel objectif. Je voudrais bien chercher un emploi proactif qui me permette de tirer le maximum de ma vie et de mon potentiel de croissance, mais je semble toujours excuser mon inaction par le manque de temps. J'ai même essayé de me leurrer en me disant que mon travail actuel m'apportait la sécurité. Grâce à Il était une vache, *je me suis résolue à trouver un emploi qui me permette de me rendre utile et d'utiliser entièrement mes talents. Grâce à cette histoire, j'ai compris que je suis mon propre facteur contraignant et que je dois voir au-delà de mon manque de confiance et de mes faibles attentes si je veux atteindre l'excellence et le bonheur dans la vie.*

— VANESSA MORGADO, CHEEKTOWAGA, À NEW YORK

Vous avez probablement déjà entendu le vieil adage qui dit « À cheval donné on ne regarde pas les dents ». Ces mots pleins de sagesse nous servent souvent à insister sur l'importance de la reconnaissance, peu importe la nature de ce que l'on nous donne.

Si ce proverbe vous est inconnu, permettez-moi d'apporter ici quelques précisions. En regardant les dents d'un cheval, on peut dire l'âge qu'il a et vraisemblablement ce qu'il vaut. Si une telle pratique est tout à fait acceptable lors de l'achat d'un cheval, comme vous pouvez l'imaginer, elle est considérée comme impolie si la bête vous a été donnée. Après tout, il s'agit d'un cadeau.

J'ai souvent noté que cet adage, assez étrangement, est l'un des plus grands responsables de vaches de tous les temps. Je pense, quant à moi, que non seulement on devrait examiner les dents d'un cheval donné en cadeau, mais le refuser si l'on n'en est pas satisfait. Autrement dit, on devrait se méfier des cadeaux que l'on reçoit… car il pourrait s'agir de vaches.

Permettez-moi de m'expliquer. Quel est le don que les gens aiment faire le plus volontiers ? Je vous donne une minute pour y penser.

Si vous avez répondu : « des conseils », eh bien, vous avez gagné ! Nous aimons beaucoup prodiguer des conseils, même non sollicités. Si vous ne me croyez pas, la prochaine fois que vous vous trouverez en compagnie d'amis, parlez-leur d'un nouveau projet que vous pensez entreprendre et regardez bien ce qui se passe. Dans un groupe de six personnes, vous aurez sans doute droit à six différentes opinions accompagnées de recommandations et de conseils personnels.

Il n'y a aucun doute, tous ces cadeaux qui vous sont destinés sont le fruit des meilleures intentions. Vos amis veulent ainsi vous montrer qu'ils vous aiment et qu'ils ont votre bien-être à cœur. Comment refuser ces conseils si pleins de... sagesse ?

Vous faites donc ce qu'il est poli de faire : vous les écoutez. Peu importe qu'ils soient mal informés, peu qualifiés ou que leurs conseils vous soient inutiles, vous faites votre devoir d'ami courtois, feignant de vous intéresser à leurs points de vue, à leurs impressions et à leurs critiques *positives*.

Méfiez-vous cependant. Il peut arriver au cours de la conversation que certaines de ces opinions injustifiées se mettent à revêtir un certain sens ; la confusion s'installant, vous commencez à mettre en doute vos propres capacités. Trente minutes plus tard, tout le monde étant parti, amis, relations ou même parfaits étrangers, vous vous retrouvez devant votre plan de succès en pièces.

Alors que trente minutes auparavant vous étiez si sûr de votre potentiel, maintenant vous n'arrivez plus à faire abstraction des prédictions pessimistes et des faibles attentes de vos amis. Plus vous voulez les ignorer, plus elles deviennent réelles. Il y a maintenant six nouvelles vaches qui paissent au premier plan de votre esprit, alors qu'elles ne s'y trouvaient pas auparavant.

Il n'y a pas si longtemps, je me suis trouvé dans une situation similaire. Il va sans dire que je ne suis pas du genre à accepter un cadeau sans en vérifier la source. Je parlais à quelqu'un d'un nouveau projet dans lequel j'allais me lancer lorsque, m'interrompant, mon interlocuteur me dit : « Camilo, laissez-moi vous dire ce que j'en pense. »

« Un instant !, tranchai-je. Avant que vous ne me disiez quoi que ce soit, laissez-moi vous poser une ou deux questions. »

Abasourdi par ma vive réaction, il me répondit cependant : « D'accord, allez-y. »

« Avez-vous quelque expérience personnelle dans le domaine dont vous allez m'entretenir ? Si c'est le cas, a-t-elle été positive ? Vous sentez-vous suffisamment qualifié pour me donner une consultation sur ce sujet ? Après tout, ce que vous êtes sur le point de me dire pourrait influencer de façon considérable ma vision et mes attentes vis-à-vis de ce projet auquel j'accorde beaucoup d'importance, comme vous pouvez l'imaginer. Par conséquent, êtes-vous convaincu de me faire une fleur ?

Ayant réfléchi une minute, il me répondit : « Laissez tomber ! »

Peut-être trouvez-vous que c'était impoli de ma part de ne pas le laisser s'exprimer. Après tout, j'aurais pu écouter poliment ses idées et puis tout simplement les ignorer. Toutefois, je ne veux pas exposer mon esprit aux opinions et aux attentes négatives des autres. Vous comprenez, une fois qu'une idée s'est implantée dans votre esprit, vous en devenez tributaire. Et si cette idée s'avère erronée et que vous lui permettez de s'infiltrer dans votre esprit, de s'y nicher et de grandir, elle peut changer votre point de vue, vos attentes et vos croyances concernant vos propres capacités. Elle peut même vous gâcher la vie.

Sachez que bon nombre de vaches qui nous retiennent prisonniers de la médiocrité sont en fait des présents reçus d'autrui. Nous devenons souvent les victimes de l'influence négative des autres et nous leur permettons de planter dans notre inconscient de fausses croyances qui peuvent finir par limiter notre croissance physique, émotionnelle et intellectuelle.

Ces idées, programmées dans notre esprit par nos parents, nos professeurs, les membres de notre famille, nos amis et même de parfaits étrangers peuvent avoir des effets dévastateurs sur notre vie.

Surmonter les échecs du passé

Permettre à des expériences négatives du passé de décider de notre avenir a un effet dévastateur. Bien sûr, nous devons tirer une leçon de nos erreurs, mais nous ne devons jamais permettre aux échecs passés de fermer de façon permanente la porte à des réalisations futures. Qu'est-ce que cela peut bien faire que vous ayez essayé et échoué à cinq reprises ? Cela signifie seulement que maintenant, vous connaissez cinq façons de ne pas procéder. Ce n'est pas l'univers qui vous envoie un message pour que vous abandonniez cette idée folle. Ce n'est pas le destin qui se défoule sur vous.

N'oubliez pas que le succès est le résultat d'une prise de bonnes décisions. Or les bonnes décisions sont le résultat de l'expérience. Et l'expérience est souvent le résultat d'une prise de mauvaises décisions. Le voilà, le processus. Maintenant, vous en connaissez le secret.

Souvent, nous laissons le passé déterminer notre avenir. Parce qu'elles sont programmées en fonction d'expériences antérieures négatives, certaines personnes finissent par croire qu'elles ne sont que des individus ordinaires qui n'arriveront sans doute pas à grand-chose dans la vie.

Voici encore une leçon importante que j'ai apprise : *l'avenir d'une personne ne doit pas nécessairement ressembler à son passé.* Nous avons tous la capacité d'apprendre et de changer le cours de notre vie à n'importe quel moment. Personne n'est condamné à une vie de médiocrité. Si vous avez échoué dans le passé, cela ne signifie pas que vous allez échouer à l'avenir.

Rappelez-vous que tout ce que vous programmez dans votre esprit détermine votre succès ou votre échec. Les croyances, valeurs et convictions que vous acquerrez en cours de route et auxquelles vous vous accrocherez formeront votre destinée. C'est triste à dire, mais lorsqu'ils terminent leurs études secondaires, la plupart des étudiants ont déjà été presque entièrement programmés pour accepter la médiocrité. Je sais que cela est dur à accepter, mais c'est la vérité.

Dans leur livre intitulé *Accelerated Learning for the 21st Century*, Colin Rose et Malcolm J. Nicholl présentent les résultats d'une étude selon laquelle 82 pour cent des enfants qui intègrent le système scolaire à cinq ou six ans auraient une image positive de leurs capacités d'apprentissage. Cependant, lorsque ceux-ci atteignent l'âge de seize ans, ce chiffre positif chuterait de façon marquante, faisant culbuter la moyenne à 18 pour cent.

Il est pratiquement inconcevable que pendant nos années de formation scolaire, période pendant laquelle nous devrions découvrir et cultiver notre estime de nous-mêmes et notre potentiel, nous soyons si nombreux à accomplir exactement le contraire. C'est ainsi que bon nombre d'adolescents et de jeunes adultes qui terminent leurs études secondaires abordent l'université avec un sentiment d'inaptitude.

Ce qu'il y a de pire, c'est qu'une tendance presque immuable d'accepter la médiocrité s'installe dans tous les domaines. Celle-ci se manifeste dans notre vie lorsque nous utilisons des expressions telles que les suivantes :

- Je suis plutôt malheureuse en couple, mais je pense que c'est le cas de la plupart des gens mariés.

- J'aimerais me lancer dans une nouvelle carrière, mais je suis maintenant trop vieux pour changer de direction. D'ailleurs, je n'ai jamais fait autre chose que ce que je fais.

- Je déteste mon travail, mais – je touche du bois – au moins, j'en ai un !

- Je ne suis pas du tout en forme, mais on peut lire dans tous les journaux que c'est le cas d'une grande partie de la population, de toute façon.

Toutes ces expressions indiquent que l'on accepte la médiocrité comme un choix viable.

Nous finissons par tolérer des mariages catastrophiques au lieu de rechercher une relation vraiment extraordinaire. Après tout, on nous a toujours dit que les unions exceptionnelles n'existent qu'au cinéma, et que si l'on a de la chance de ce côté-là, il faut s'attendre à ce que ça n'aille pas aussi bien dans d'autres domaines de la vie. Ainsi, les gens persistent pendant des années et même des décennies dans des mariages médiocres, parce qu'ils ne pensent pas pouvoir faire quoi que ce soit pour changer la situation.

Voyons un autre exemple. Imaginez que lorsque vous étiez enfant, on vous ait dit que de faire beaucoup d'argent était un signe de cupidité et que la richesse n'apportait que des tracas. Imaginez que vos parents vous aient assuré que la chose prudente à faire était de se contenter de ce que l'on possède parce qu'il vaut mieux avoir peu et être heureux que de posséder beaucoup et être malheureux. Eh bien, ne soyez pas surpris, en examinant aujourd'hui votre compte en banque, de le trouver peu garni.

Indubitablement, les expressions négatives sans cesse répétées se transforment en programmes mentaux qui déterminent notre façon de penser et de nous comporter. Au fil du temps, nos actions deviennent des habitudes qui, lentement mais sûrement, se mettent à façonner notre destinée.

La question est donc la suivante : « Allez-vous permettre à ces vaches de façonner *votre* destinée ?

Dans l'un des plus beaux poèmes qu'il ait jamais écrits, le grand poète mexicain, Amado Nervo, dit en quelque sorte ceci :

Au seuil de mon dernier coucher de soleil,
je te bénis, ô Vie,
car tu ne m'as jamais donné de faux espoir,
de besogne injuste ou de punition non méritée,
parce que je me rends compte, en fin de parcours,
que j'ai été l'architecte de mon propre destin,
que si je tirais de la douceur ou de l'amertume des choses,
c'est moi qui leur apportais cette douceur ou cette amertume.
Lorsque je plantais des roses,
je récoltais toujours des roses...
[Traduction libre]

Le message d'Amado Nervo est simple : si vous semez une pensée négative, vous récolterez une mauvaise habitude. Plantez une mauvaise habitude et vous récolterez au mieux un destin incertain.

CHAPITRE 7

Comment se débarrasser de n'importe quelle vache

En ce qui me concerne, ma plus grande vache depuis que je suis mariée et que j'ai de jeunes enfants, c'est le « syndrome de la mère-martyre débordée » qui n'a jamais assez de temps pour elle. Je ne peux pas faire d'exercice parce que je n'en ai pas le temps. Je ne peux pas lire ni m'adonner à des passe-temps parce que je dois toujours être là pour les enfants. Je suis cependant sur le point de maîtriser cette excuse. J'ai appris à établir des priorités afin de disposer d'assez de temps pour ma famille et pour moi. Maintenant par exemple, j'arrive à faire de l'exercice ou du vélo le matin. Je sais qu'il s'agit d'un changement minime, mais il me procure un immense sentiment de bien-être et l'impression d'avoir la situation en main.

— SARAH FOX, IRVINE, EN CALIFORNIE

Commençons par exposer ce qui est évident. Nos vaches n'existent pas dans la vraie vie; elles n'existent que dans notre esprit. Peu importe à quel point elles peuvent nous sembler factuelles, justes et réalistes, il ne s'agit ni de circonstances réelles (mes problèmes sont dus à l'économie actuelle), ni de limites d'ordre physique (mon problème, c'est que je ne suis pas assez grand), ni d'autrui (mon problème, c'est que je ne peux pas compter sur l'appui de mon conjoint). Ce sont des croyances que nous avons entreposées dans notre esprit. Mais les croyances, ce ne sont pas des faits. Même si bon nombre de gens croient qu'une chose est irréalisable, elle ne l'est pas pour autant. Faites attention de ne pas confondre les croyances et les faits.

Si nous examinons ces trois domaines – les circonstances, les limites physiques et les gens – de façon plus détaillée, nous pouvons voir que ces croyances ne sont en fait ni justes ni erronées, mais simplement stimulantes ou limitatives.

Réussir malgré l'adversité

Nous pensons souvent que nos échecs et nos frustrations sont le résultat de conditions ou de circonstances adverses indépendantes de nous. Les catastrophes naturelles, les changements de conditions sociales et économiques et les malheurs d'ordre personnel ont le pouvoir de se transformer en belles grosses vaches.

Bien des gens connaissent les merveilleuses compositions de Georg Friedrich Haendel, l'un des plus grands compositeurs de tous les temps. Cependant, lorsque vous aurez entendu toute son histoire, vous n'écouterez jamais sa musique de la même façon.

Enfant, Haendel ne fut jamais encouragé à faire de la musique, ce qui ne l'empêcha pas d'être un prodige musical. À l'âge de douze ans, il était organiste adjoint de la cathédrale de sa ville natale. Avant d'avoir atteint vingt et un ans, il avait composé deux opéras et jouissait d'une renommée mondiale à l'âge de quarante ans.

Puis, les circonstances se mirent à changer. À plusieurs occasions, il se retrouva au bord de la faillite, et comme si cela ne suffisait pas, il subit un accident vasculaire cérébral qui le laissa avec un bras paralysé et la perte fonctionnelle de quatre de ses doigts. Pouvez-vous imaginer la portée de ce malheur sur son avenir de pianiste ? Haendel se remit, mais il était si découragé et rongé par les dettes qu'il abandonna. Il se retira, prêt à faire face à une existence misérable.

Aux dires de tous, que cela ait été de sa faute ou le résultat de circonstances regrettables, Haendel avait acquis un troupeau de vaches qui l'avait fait sombrer dans l'abattement et l'impuissance.

Cependant, alors qu'il n'était jamais tombé plus bas, on lui offrit la chance de composer la musique d'un nouveau livret sur la vie du Christ. Il aurait pu dire « Je suis un homme fini », « Pourquoi faire ? », « À quoi bon ! » ou avoir recours à l'un des nombreux prétextes que nous utilisons souvent pour justifier notre inaction. Il prit néanmoins la décision de ne pas permettre aux circonstances adverses de continuer à gérer sa vie. Autrement dit, il tua les vaches qui avaient rendu facile l'acceptation de ses maigres moyens.

Avec un nouvel enthousiasme, il se remit à composer. Un mois plus tard, il avait terminé son manuscrit de 260 pages qu'il appela *Le Messie*.

Plus tard, il raconta que lorsqu'il avait composé le chœur de l'Alléluia, c'était comme s'il avait vu Dieu assis sur son trône entouré de ses anges.

La leçon est simple : dans la vie, soit on devient victime des circonstances adverses, soit on réussit malgré elles. À vous de décider.

La véritable victoire en matière de course olympique

Examinons maintenant la question des limites physiques. Lors de mes séminaires et ateliers, j'ai souvent recours à l'exemple suivant qui, selon moi, illustre ce point clairement et efficacement.

Pendant des décennies de compétition olympique, aucun coureur ne réussit à couvrir le mile en moins de quatre minutes. En fait, en 1903, Harry Andrews, entraîneur de l'équipe olympique britannique, avait affirmé que le dernier record de 4 minutes 12,75 secondes ne serait jamais battu.

En même temps, les coureurs entendaient les soi-disant experts énumérer un tas de raisons visant à valider cette assertion. Même la communauté médicale les mettait en garde contre les conséquences dangereuses d'un effort physique trop intense.

À cause de cette croyance, pendant les cinquante années qui suivirent, les meilleurs athlètes du monde entier ne firent que se rapprocher de ce record, mais sans jamais le battre. Pourquoi? Parce que c'était impossible. Aux dires des *médecins*, c'était impossible. D'après les *scientifiques*, le corps humain ne pouvait pas supporter le stress causé par un tel effort.

Tout cela changea le jour où un jeune coureur britannique du nom de Roger Bannister annonça publiquement qu'il allait couvrir le mile en moins de quatre minutes.

L'année précédente, ayant remporté dans son propre pays le titre de coureur de mile, il se sentait prêt pour les olympiades. Malheureusement, des changements de programme de dernière minute aux Jeux de 1952 l'obligèrent à participer aux épreuves sans prendre de repos. S'étant classé quatrième, il dut supporter le mépris des médias britanniques du domaine du sport qui rendaient son refus de méthodes classiques d'entraînement responsable de sa mauvaise performance.

C'est alors que, stimulé par la critique, le jeune athlète décida de se racheter en couvrant le mile et en établissant un nouveau record mondial. Et pas n'importe lequel. Il battrait le record apparemment insurmontable de quatre minutes. Tout le monde crut qu'il avait perdu la tête: les experts du domaine des sports, le corps médical, tout le monde sans exception!

Sa chance se présenta le 6 mai 1954, alors qu'il avait essuyé plusieurs revers et échecs, au cours d'une rencontre qui eut lieu à Oxford et où il représentait la British Athletic Association. Ce jour-là, il réalisa l'impossible : il couvrit le mile en moins de quatre minutes. Il avait brisé le mythe et fait tomber le record imbattable.

Le record ayant été ainsi pulvérisé – et du même coup la vache – les athlètes du monde entier se mirent sur le coup à croire que le défi était possible. En moins d'un an, trente-sept coureurs brisèrent cette même barrière. Et l'année suivante, trois cents autres firent de même. À l'heure actuelle, même certains étudiants du secondaire couvrent le mile en moins de quatre minutes.

Je me suis permis de transcrire du livre de Roger Bannister intitulé *The Four-Minute Mile* une brève description de son exploit, tel que vécu par lui, afin que vous saisissiez bien l'effort considérable qu'il faut pour tuer une vache :

> C'est à peine si je m'aperçus que j'avais franchi le demi-mile à une minute 58 secondes et à quel endroit de la courbe suivante Chataway prit les devants. Aux trois quarts de mile, mes efforts étaient encore à peine perceptibles ; à 3 minutes 0,7 seconde, la foule s'était mise à rugir. Je devais à tout prix couvrir ce dernier tour en 59 secondes. Tandis que Chataway menait dans la courbe suivante, j'ai foncé, le dépassant sur la ligne droite opposée, à deux cent soixante-quinze mètres de la ligne d'arrivée.

J'éprouvai un moment de joie mêlé d'angoisse, tandis que mon esprit prenait le dessus, courant loin devant mon corps, le tirant indéniablement de l'avant. Je pressentis que le plus grand moment de ma vie était arrivé. Le monde autour de moi semblait s'être immobilisé ou n'existait pas. La seule réalité, c'étaient les 180 mètres de piste que j'avais sous les pieds.

C'est alors que je sentis que c'était là ma chance de réaliser quelque chose d'exceptionnel. Je fonçai, propulsé par un mélange de crainte et de fierté. J'entendais crier le public fidèle d'Oxford dont les espoirs et les encouragements me faisaient redoubler de force. J'avais franchi la dernière courbe et il ne me restait plus que quarante-cinq mètres à parcourir. Mon corps avait depuis longtemps épuisé toutes ses ressources, mais cela ne m'empêchait pas de continuer. L'effort surhumain que je produisais n'était que le résultat d'une volonté acharnée.

À quatre mètres du but, j'eus l'impression que le fil d'arrivée reculait. Ces dernières secondes me parurent éternelles. Le pâle fil de la ligne d'arrivée m'apparaissait comme le gardien d'un havre de paix au terme de la lutte. Là, le monde entier m'attendait pour me prendre dans ses bras, à condition que je ne perde pas de vitesse. Si j'échouais, il n'y aurait pas d'étreinte et le monde deviendrait un endroit froid et intimidant, parce que j'aurais échoué si près du but. Je bondis vers le fil comme un homme qui mobilise toutes ses forces pour se sauver du précipice qui menace de l'engouffrer. Puis, éreinté par l'effort, je m'écroulai, presque inconscient, les bras le long du corps.

Ce n'est qu'alors que je fus pris de véritables douleurs. Je me sentais comme une lampe de poche qui aurait explosé, sans aucune volonté de survie ; je continuais d'exister dans un état physique complètement passif, sans être tout à fait inconscient. Le sang jaillissait de mes muscles et j'avais l'impression qu'il se répandait dans tout mon corps. C'était comme si tous mes membres étaient coincés dans un étau dont l'étreinte ne cessait de se resserrer. Je savais que j'avais réussi, même avant d'entendre les résultats du chronométrage. Je m'étais trouvé trop près du but pour échouer, à moins que mes jambes ne m'aient joué des tours à la ligne d'arrivée, me faisant perdre de la vitesse, sans prévenir mon esprit fatigué.

Les chronomètres détenaient la réponse. On annonça : « Le résultat de la course d'un mile ... trois minutes ... » Le reste se perdit dans le rugissement de la foule. J'avais réussi ! [Traduction libre]

Le record de 3 minutes 59,4 secondes établi cet après-midi-là ne tint pas très longtemps. Moins d'un mois plus tard, le coureur australien John Landy l'avait brisé, mais Bannister eut la satisfaction de battre ce dernier aux jeux de l'Empire britannique le même été, à Vancouver. Lorsqu'on lui demanda comment il était possible que tant de coureurs réussissent à courir aussi vite, si peu de temps après sa victoire, Bannister répondit que la barrière n'avait jamais été physique, mais mentale. Tous ces athlètes avaient simplement balayé la limite dont ils étaient restés les otages pendant plus de cinq décennies.

Des barrières mentales, nous en possédons tous. Certains d'entre nous prennent tout simplement la décision de s'en débarrasser à un moment donné dans le but de libérer leur véritable potentiel et de réaliser ce qu'ils considèrent être des rêves impossibles. Et vous pouvez faire de même. Il suffit de repérer les fausses croyances qui vous limitent et de les remplacer par des idées qui vous donnent la force et les moyens.

Se peut-il que mon conjoint soit ma vache ?

Jetons maintenant un coup d'œil du côté de la troisième catégorie : celle des personnes. Si vous pensez que ce qui vous empêche d'être le meilleur de vous-même ou de réaliser vos objectifs, c'est quelqu'un, vous vous trompez. Mais ne vous méprenez pas. Je ne veux pas dire par là que les autres n'ont aucun rôle à jouer dans vos succès ou vos échecs, ce qui n'est pas le cas.

Toutefois, les autres ne sont jamais la cause de nos faiblesses. Même si parfois nous voulons le croire, ce ne sont jamais nos *vaches.* Vous auriez beau être en complet désaccord, ce conjoint qui manque d'égards, ce parent acariâtre, ce patron désagréable ou cet ami désorienté ne sont pas vos vaches. Aucun d'eux n'est à blâmer pour votre médiocrité. Peut-être pensez-vous : « Je vous assure, Dr Cruz, que dans mon cas, ma vache c'est mon patron. » J'ai découvert que dans presque cent pour cent des cas où les gens voyaient cette autre personne comme la source de leurs malheurs, le véritable problème n'était qu'une fausse croyance qui, par hasard, impliquait l'accusé.

Permettez-moi de vous donner un exemple. Il y a quelque temps, en République dominicaine, j'ai raconté cette histoire lors d'un congrès destiné à des dirigeantes d'entreprises. Pendant la pause, on vient habituellement me faire le récit d'expériences personnelles, de luttes ou d'exploits. À cette occasion, se trouvait là une dame particulièrement enthousiaste qui, du début à la fin, avait participé activement, riant, applaudissant et m'acclamant. Celle-ci me prit à part et me dit, remplie d'émotion : « Dr Cruz, vous m'avez ouvert les yeux. Je crois que je viens d'avoir une révélation. Je sais maintenant *qui* est ma vache ! »

Dès que j'entends ce genre de remarque, je sais que mon histoire a été mal interprétée. Poursuivant sa pensée, la dame reprit : « Mes doutes sont maintenant confirmés. Je sais maintenant sans l'ombre d'un doute que mon mari est ma vache ! »

Je lui expliquai que les gens ne sont jamais nos véritables vaches. J'étais sur le point de poursuivre ma pensée lorsqu'elle m'interrompit : « Je sais, Dr Cruz, que c'est ainsi dans la plupart des cas, mais pas dans le mien. J'en suis certaine : mon mari est bel et bien ma vache. »

Je lui demandai comment elle en était arrivée à cette conclusion.

« Il y a un an, me répondit-elle, j'ai lancé ma propre entreprise, mais je n'ai pas réussi à la faire démarrer et je suis sûre que cela est dû au manque de soutien de la part de mon mari.

Non seulement il ne m'aide en rien, mais ce qui est pire encore, c'est qu'il ne m'encourage même pas. Je sais que c'est pour cela que ma compagnie est en difficulté. »

« Vous voyez ! Je vous l'ai dit que votre mari n'était pas votre vache ! »

« Comment cela ? Je viens de vous expliquer en quoi il m'empêche de réussir, répondit-elle. Vous n'avez pas entendu ce que je vous ai dit ? »

« J'ai très bien entendu, répliquai-je, mais laissez-moi vous montrer la véritable vache. Votre vache, c'est la fausse *croyance* entreposée dans votre esprit qui vous dit que pour réussir, vous devez avoir le soutien total de votre mari. »

Ma réponse lui déplut. En fait, elle avait semblé plus heureuse à l'idée d'avoir trouvé le coupable, le responsable de ses malheurs. Demeurée perplexe pendant quelques instants, elle finit cependant par comprendre.

C'est simple : votre succès est entièrement votre responsabilité. Ce serait formidable de pouvoir compter sur l'appui et les encouragements des autres en tout temps, mais cela n'est pas absolument nécessaire. Votre succès ne dépend ni du soutien des *autres*, ni de *leur* approbation quant à vos décisions, ni de *leur* enthousiasme face au chemin que vous avez choisi. Votre décision de réussir ne peut – ni ne doit – en dépendre. La seule personne qui doit être exaltée face à vos objectifs et à vos décisions, c'est *vous.* Il suffit que vous soyez vous-même engagé, confiant, enthousiaste et déterminé à réussir dans la vie.

Cette dame possédait l'excuse parfaite qui lui permettait non seulement de justifier son échec professionnel et de se délester de toute responsabilité, mais d'assumer un rôle de victime.

Lorsque nous succombons à ce type de pensée, nous adoptons habituellement l'une des deux approches erronées suivantes : nous abandonnons, passant notre vie à nous apitoyer sur nous-mêmes, ou alors nous entreprenons la tâche frustrante qui consiste à essayer de changer autrui.

C'est pourquoi j'aimerais encore une fois vous rappeler un fait des plus importants : quand je parle de tuer une vache, je parle d'éliminer une excuse, de vous débarrasser d'une mauvaise habitude ou d'adopter un nouveau modèle de pensée. Autrement dit, de changer votre façon de penser ou d'agir, et non pas de changer la façon de penser et d'agir des autres. J'ajouterai que l'une des pires vaches consiste à croire que vous ne parviendrez jamais à un niveau de succès quel qu'il soit à moins que quelqu'un d'autre ne change. Vous savez déjà que la seule personne que vous pouvez changer, c'est vous.

Par conséquent, comment pouvons-nous nous débarrasser de ces vaches à tout jamais ? La solution est en fait étonnamment simple. Il nous suffit de prendre conscience de la réalité, à savoir qu'il se peut bien que nous ayons laissé jusqu'à maintenant bon nombre de *mauvais* programmes et croyances décider de nos actions et de nos attentes.

Nous devons être bien conscients du fait qu'il est très possible que nous ayons été programmés pour *accepter et même embrasser la médiocrité.* La clé consiste à prendre la décision de cesser de vivre une vie remplie d'illusion en faisant comme si tout allait bien, et à comprendre que même si nous avons été programmés pour accepter la médiocrité, nous sommes capables d'accomplir les exploits les plus prodigieux. Il s'agit juste d'ouvrir notre esprit au changement et à la croissance. Savoir reconnaître les vaches qui nous empêchent de réussir et nous en débarrasser, voilà la première étape vers un avenir vraiment gratifiant – une vie dépourvue de vaches !

CHAPITRE 8

Il n'existe qu'une façon de tuer une vache

D'aussi loin que je me souvienne, j'ai toujours suivi le principe selon lequel « Si une chose vaut la peine d'être faite, elle vaut la peine d'être bien faite ou de ne pas être faite du tout ». Lorsque je l'ai vu énoncé dans le présent livre, je ne le considérais pas comme une vache. D'ailleurs, j'étais un peu vexé qu'il soit présenté comme une échappatoire. Cependant, en poursuivant ma lecture, je me suis aperçu que dans bon nombre de circonstances, j'avais en effet utilisé cette excuse pour justifier mon inaction. Ayant déménagé au Japon, exposé à une nouvelle culture et à une nouvelle langue, je m'étais mis à étudier le japonais, et même si je me débrouillais très bien à l'oral et en compréhension, je ne m'étais pas senti prêt à poser ma candidature pour l'emploi que je visais. Craignant le rejet, j'avais remis mon projet à plus tard. Puis, désireux de démarrer ma propre entreprise, j'avais décidé qu'il me fallait mieux connaître la culture du Japon et la façon d'y mener des affaires avant de me lancer. Résultat : je ne me suis jamais lancé. La lecture de ce livre m'a permis de comprendre que j'avais été victime de cette vache. J'ai donc pris la décision de vaincre mes craintes et de devenir la personne que je suis vraiment.

— M. Akio, Tokyo, au Japon

Lors de mes présentations, quand je demande aux participants combien d'entre eux ont le fort sentiment de posséder des vaches, il y en a qui lèvent la main et qui admettent ouvertement leur tort. D'autres, nombreux, hochent discrètement la tête en reconnaissance de ce problème sans toutefois admettre leur culpabilité ; il arrive aussi que certains autres donnent un coup de coude, discret mais accusateur, à leur malheureux compagnon ou à leur malheureuse compagne.

Curieusement, les vaches sont bien plus faciles à repérer dans le champ des autres que dans le sien. Toutefois, pour s'en débarrasser, il faut apprendre à les reconnaître.

Nous voilà parvenus à la partie de ce livre sans doute la plus importante. Rappelez-vous que rien ne se passera si vous n'agissez pas. Pour vous aider, j'aimerais vous proposer cinq mesures simples. Je vous suggère de vous munir d'un stylo et d'une feuille de papier afin de bien mettre à profit ce processus. Voici les étapes qui vous mèneront vers une vie dépourvue de vaches.

Vous auriez beau souhaiter qu'il en soit autrement, mais aucune de ces étapes n'est optionnelle. Ces mesures peuvent être difficiles et pas toujours agréables, mais elles sont nécessaires. Aussi, soyez honnête, patient et ferme, et vous verrez les résultats fantastiques que votre nouveau *moi* plus svelte et plus libre tirera de tout ce processus.

Identifiez vos vaches

Cette première étape qui requiert une part d'autoanalyse et d'introspection peut demander du temps. Elle est loin d'être facile. En effet, lorsque nous faisons face au besoin de changer, nous avons tendance à défendre ou à justifier notre situation actuelle afin d'éviter de prendre les mesures nécessaires.

Il y a deux raisons à cela. D'abord, comme je l'ai mentionné à quelques reprises, nous possédons sans doute plus de vaches que nous ne voulons l'admettre. Ensuite, certaines personnes ne se rendent tout simplement pas compte du nombre d'excuses, de justifications et de prétextes auquel elles ont recours au quotidien. Ces échappatoires font tellement partie de leur nature qu'elles ne sont pas gênées par leur présence. Vous rappelez-vous l'analogie avec les cochons ? Il reste que pour nous en débarrasser, nous devons aborder l'étape douloureuse qui consiste à reconnaître que nous en possédons.

J'ai aussi mentionné précédemment que les vaches n'existent que dans nos pensées. Elles se manifestent cependant dans notre langage, dans nos habitudes et finalement dans nos comportements. C'est pourquoi cette première étape exige que vous couchiez sur papier certains comportements, pensées, expressions et habitudes – vaches – qui font partie de votre vie de tous les jours.

Pendant la semaine qui suit, vous devriez être à l'affût de toutes les vaches qui se manifestent dans votre vie. Souvenez-vous qu'elles sont toujours déguisées en excuses, en justifications, en prétextes, en mensonges, en explications évasives et autres expressions qui font partie de votre vocabulaire.

Les indices permettant d'identifier nos vaches se trouvent dans nos paroles. Ce que nous disons est important. Contrairement à ce que vous avez peut-être entendu dire, les paroles ont de la valeur. Elles peuvent nous coûter cher et être très révélatrices. Extrêmement puissantes, elles influencent nos comportements et créent des habitudes.

Vous pouvez revoir encore une fois la liste des expressions au chapitre trois afin d'apprendre à reconnaître les différents types de vaches. Prenez le temps qu'il faut pour vous assurer de n'en laisser aucune s'échapper ou passer inaperçue. Les vaches ne meurent pas toutes seules, de la même façon qu'on ne s'élève pas au-dessus de la médiocrité « comme ça ». L'élimination efficace des barrières imposées à sa vie est toujours le résultat d'une autoévaluation honnête accompagnée d'une action délibérée et consciente.

Par exemple, lorsque je demande aux gens s'ils souffrent d'un cas grave d'« excusite », on me répond généralement non. Cependant, si je leur demande de tenir le registre, pendant une journée entière, du nombre de fois où ils avancent une excuse pour n'importe quelle raison, ils sont souvent tout étonnés du nombre de fois où ils se sont surpris à formuler une excuse. Je vous le répète, ne sautez pas cette première étape.

Avant de poursuivre votre lecture, examinez bien ces domaines où vous n'avez pas excellé autant que vous l'auriez souhaité. Qu'est-ce qui vous retient ?

Disons que vous n'êtes pas satisfait de la tournure qu'a prise votre carrière. Demandez-vous exactement quel est l'objet de votre mécontentement. Y a-t-il quelque chose ou quelqu'un à blâmer ? Comment pouvez-vous y remédier ? Pourquoi ne l'avez-vous pas fait ? Quelles décisions pouvez-vous prendre dès maintenant pour changer cela ? Toutes ces questions vous mettront sans doute face à face avec certaines de vos vaches. Prenez-en note.

Avez-vous souvent recours à des expressions telles que les suivantes ?

- J'aimerais faire telle chose, mais…
- Désolé d'être en retard, mais…
- Si seulement je…
- En fait, le problème c'est…
- À quoi sert de…
- Pour être parfaitement honnête…

Les paroles qui suivent chacune de ces expressions ont probablement toutes les caractéristiques d'une vache. Inscrivez-les et prenez la décision de ne plus jamais vous en servir.

Je vous préviens : cette étape peut être douloureuse. Personne n'aime se trouver face à face avec ses inaptitudes et ses faiblesses, mais abordez-les maintenant et débarrassez-vous-en une fois pour toutes ou courez le risque d'en être prisonnier pour le restant de vos jours. Voilà votre véritable tâche.

Déterminez les croyances limitatives qui se cachent derrière chacune de vos vaches

Les excuses et prétextes que vous avez relevés à l'étape précédente ne sont que les symptômes. Maintenant, vous devez regarder de plus près votre liste et analyser les croyances ou idées erronées qui se cachent derrière chacune de vos excuses.

Demandez-vous pourquoi elles se retrouvent sur votre liste. Qui en est l'auteur ? Où les avez-vous acquises ? Ces croyances sont-elles réelles ? Tiennent-elles debout ou s'agit-il simplement de craintes irrationnelles ?

Comme je l'ai déjà dit, nous acquérons la plupart de nos vaches pendant nos premières années d'école, au cours de notre enfance et tout au long de notre adolescence. Aussi, nous les charrions depuis si longtemps que nous finissons par les accepter comme des faits indéniables. Que nous les ayons acquises volontairement ou que nous ayons permis à quelqu'un de nous en faire don, ces vaches dissimulent des idées que nous acceptons comme étant la vérité absolue.

Je me souviens en particulier d'Ivan, jeune cadre qui, en s'attaquant à la première étape, découvrit qu'il avait bien trop souvent recours à l'infâme excuse « Je n'ai pas le temps ». C'est ainsi qu'il répondait le plus souvent à toute nouvelle proposition ou initiative importante. Après une autoanalyse attentive, il réussit à admettre que cette expression cachait un problème bien plus grave. En fait, il avait trouvé l'excuse parfaite pour se justifier lorsqu'il devait faire face à de nouveaux projets. Les expériences de vie de ce jeune homme avaient fait pénétrer en lui une crainte irrationnelle quant à sa capacité de gérer ou de faire avancer de grands projets. Si les petits ne le gênaient pas, les projets de taille le terrorisaient. Dans son cas, la véritable vache n'était pas un manque de temps, mais sa peur d'échouer et son propre manque de confiance en ses capacités.

Ayant suivi toutes les étapes soulignées ici, Ivan réussit à se débarrasser de cette attitude qu'il avait adoptée à la suite de certains revers essuyés dans le passé. Si nous n'y prenons pas garde, nous permettons au passé de nous retenir et de nous empêcher d'aller de l'avant.

Vos excuses dissimulent-elles un problème plus grave ? Le fait d'être systématiquement en retard, par exemple, sans être lié à la circulation ou au temps, peut être plutôt le résultat d'un surengagement lui-même dû à une vision floue de ses propres objectifs. Voyez-vous, sans un but précis, on ne peut pas se concentrer. On court le risque d'être distrait, de se perdre dans toutes les directions, d'accepter trop d'engagements et par conséquent, d'être toujours en retard. Ainsi, la solution ne consiste peut-être pas à partir dix minutes plus tôt pour vous rendre à vos rendez-vous, mais à prendre le temps de déterminer et de préciser vos objectifs personnels, et puis d'établir vos priorités.

C'est pourquoi il est si important d'aller au fond des choses pour trouver la vérité dissimulée derrière vos vaches. Si vous découvrez une excuse, une justification ou une généralisation en particulier que vous employez fréquemment et qui ne constitue pas une évaluation honnête de votre réalité, faites-la disparaître immédiatement de votre vocabulaire. Cette seconde étape vous aidera à vous débarrasser de la moitié au moins, sinon plus, des excuses que vous avez entreposées, et ce, d'un seul coup !

Rappelez-vous que vous payez cher chacune de vos vaches

Souvent, nous nous accrochons à de fausses croyances ou avons recours à des excuses parce que nous ne nous rendons pas compte de tout le tort que celles-ci nous causent.

Sur le plan juridique, les justifications ne constituent pas des crimes. Par conséquent, vous ne serez pas puni *pour* vos excuses. Cependant, soyez assuré que vous serez puni *par* celles-ci. Et la punition, ce sera toujours une vie de médiocrité.

Permettez-moi de vous donner un exemple. Voici la justification préférée des gens qui n'ont pas encore assumé la responsabilité de leur échec financier. « Eh bien, je suis fauché parce que, vous savez comment c'est. Il faut de l'argent pour faire de l'argent. Or comme je n'en ai pas, je pense que je n'en aurai jamais beaucoup. Alors à quoi bon ! »

Vous pouvez être certain que ces personnes ne finiront pas en prison à cause de cette croyance. Elles ont déjà été bien assez punies en proclamant cela, puisque cette vache les a déjà condamnées à la prison à vie, ou plutôt à la prison « sans vie ».

Lors de cette troisième étape, dressez une liste de toutes les conséquences négatives que vos excuses entraînent dans votre vie. Souvent, nous sommes bel et bien conscients de nos excuses et de nos soi-disant « mauvais comportements », sans toutefois être convaincus du tort qu'ils nous causent. Aussi, nous ne faisons rien pour les changer. Rappelez-vous que peu importe à quel point les justifications auxquelles vous décidez d'avoir recours vous nuisent, elles limitent votre vie.

Ainsi, vous devez inscrire ce que vous coûte chacune des vaches que vous avez identifiées dans les sections précédentes. Souvenez-vous que vous en payez le prix, ne vous y trompez pas. Vous pouvez choisir d'ignorer ce fait ou d'en atténuer l'importance, mais les conséquences de vos excuses ne manqueront pas de vous rappeler le prix élevé que vous payez pour les occasions que vous laissez filer.

Quand Ed était petit, son père lui accordait peu de temps. C'était un homme occupé. En raison de ses engagements professionnels et de ses voyages d'affaires, il était toujours absent. Ed apprit à accepter cela. Ce qu'il ne pouvait pas accepter cependant, c'est que même lorsque son père se trouvait à la maison, il était distant et presque entièrement détaché de sa vie. Il n'avait jamais le temps de l'aider à faire ses devoirs, de discuter ou même de faire le pitre avec lui avant l'heure du coucher.

Son père était consumé par le travail. Il ne considérait jamais ses raisons comme des excuses. Il disait « Je suis trop occupé », « Mon travail m'accapare », « Je n'ai pas le temps », « J'aimerais bien » ou bien il avait recours à sa justification préférée, à savoir « Si seulement mes journées pouvaient être plus longues d'une heure ! »

Edward qui est maintenant marié et père de quatre enfants, et son propre père, maintenant âgé de soixante-douze ans, tentent tous deux de créer une relation père-fils qu'ils n'ont jamais connue. Le père d'Ed est bien conscient du fait qu'il ne peut pas créer des souvenirs d'événements auxquels il n'a jamais participé. Il ne peut pas retourner en arrière pour revivre les sessions de devoirs, les remises de diplômes, les parties de baseball, les journées d'angoisse ou les jours de fête. Ces occasions sont passées et il ne les a pas saisies. Tout ce qu'il veut maintenant, c'est se rapprocher d'un fils qu'il trouve distant.

Les occasions que vous avez laissé échapper peuvent être liées au travail, à la santé ou à l'argent. Peu importe, rappelez-vous que l'on paie habituellement chèrement le fait de transporter une vache.

Inscrivez toutes les occasions que vous avez laissé passer parce que vous vous accrochiez à de telles justifications. Cernez les échecs que vous avez essuyés en conséquence directe des excuses que vous entretenez. Précisez toute crainte irrationnelle que vous avez alimentée et encouragée à s'épanouir au cours des années.

Si vous brûlez cette étape, vous pouvez ne pas ressentir un besoin urgent de vous débarrasser de toutes vos vaches. Rappelez-vous que la douleur et le plaisir sont nos deux plus grandes sources de motivation. Nos décisions et nos comportements sont déterminés en partie par ce que nous désirons et en partie par ce que nous craignons. Nous voudrons toujours poursuivre ces choses qui nous procurent du plaisir et éviter à tout prix celles qui nous font souffrir.

Si les personnes obèses mangent à l'excès, ce n'est pas parce qu'elles souhaitent être grosses. Elles le font en partie parce qu'elles ont l'impression que ce comportement les aide à faire face à d'autres situations. Elles se sont programmées pour accepter leur assuétude alimentaire comme un mécanisme réconfortant qui calme leurs angoisses et leur nervosité. Elles le font tout en étant conscientes des conséquences graves de leurs actions. Et pour justifier leur comportement, elles font appel à de nombreuses vaches comme « Mes parents souffrent de surcharge pondérale », « Je ne suis pas gros, seulement corpulent », ou « Mon problème est héréditaire ». Elles peuvent aussi avoir recours à la vache des vaches, à savoir « Ce n'est pas de ma faute : je ne peux pas m'en empêcher ! »

À moins d'affronter la réalité des effets néfastes de leur comportement sur leur santé, sur leurs relations, sur leur bonheur et sur l'estime d'elles-mêmes, ces personnes ne changeront pas. Elles peuvent entreprendre tous les régimes possibles, mais les choses resteront telles quelles tant qu'elles n'auront pas saisi les conséquences de leur décision et souffert de savoir qu'elles vivent la vie qu'elles se sont elles-mêmes façonnée.

Une fois que vous avez dressé la liste des occasions que vous avez laissé passer parce que vous vous accrochiez à vos vaches, je veux que vous la lisiez attentivement. Quand vous avez terminé, relisez-la. Comprenez bien le mal que vous vous êtes fait en entretenant et en alimentant ces vaches. Comprenez bien que vous seul êtes responsable d'avoir choisi une vie dans laquelle la médiocrité est un choix viable. Imprégnez-vous de cette pensée. Soyez bien conscient de cette boule que vous avez dans l'estomac et comprenez bien que vous pouvez déguiser vos vaches ou même les ignorer tant que vous le voudrez, mais si vous ne vous en débarrassez pas pour de bon, elles vous colleront à la peau à perpétuité.

Que vous donniez à ce processus le nom de « fermeté affectueuse », de « leçon de réalisme » ou de « thérapie de la raison », c'est du pareil au même : tant que vous ne souffrirez pas d'avoir laissé filer des occasions, vous ne ressentirez pas le besoin de vous défaire de vos croyances limitatives.

Le temps est venu de cesser de raconter ce que vous traversez et de décider de passer au travers une fois pour toutes. Prenez la décision de réussir à vivre le genre de vie qui vous est destiné. Les bonnes intentions et les vœux pieux ne font qu'amplifier la médiocrité. Vous devez prendre une décision et vous y tenir.

Dressez une liste de tous les bénéfices qui résulteront de l'extermination de vos vaches

Nous avons vu la théorie de la souffrance et du plaisir à l'étape précédente. Maintenant j'aimerais vous demander de prendre une minute pour visualiser une vie dans laquelle vous ne seriez plus accablé par le fardeau de ces vaches. Inscrivez toutes les nouvelles occasions qui pourraient mûrir si vous libériez votre véritable potentiel. Quelles nouvelles compétences pourriez-vous acquérir ? Quelles nouvelles aventures vous permettriez-vous de vivre une fois libre de toute croyance limitative ? Quels nouveaux rêves oseriez-vous caresser une fois libéré de la médiocrité ?

Inscrivez le moindre détail, car vous allez en avoir besoin. Aussi simple que cela puisse être de se débarrasser de ses vaches, ça n'en est pas pour autant toujours facile. C'est ainsi que j'ai appris que *simple* et *facile* ne sont pas toujours synomymes.

Pour se débarrasser de ses vaches, il faut de la discipline, un engagement et de la détermination. Il peut arriver que l'on éprouve de la frustration. On peut même reprendre une mauvaise habitude, auquel cas il faut trouver la force de se relever et de recommencer.

J'ai eu l'occasion d'aider une de mes amies à noter les résultats positifs qu'elle tirerait de l'élimination de sa vache de type « Je n'ai pas le temps de faire de l'exercice ». Elle accusait un surpoids d'une vingtaine de kilos et bien que consciente du fait qu'elle devait faire quelque chose, elle n'avait pas la motivation nécessaire pour agir.

Voici quelques exemples des bienfaits qu'elle a relevés :

- J'aurais plus d'énergie et d'endurance.
- Je serais en grande forme et j'aurais une meilleure image de moi.
- Je ne serais plus constamment fatiguée et à court de souffle.
- Je serais en meilleure santé et je vivrais plus longtemps.
- Je serais plus créative et concentrée au travail.

Mon amie put ainsi identifier plus d'une douzaine de raisons pour lesquelles elle avait tout intérêt à fréquenter un gymnase. Encore aujourd'hui, bon nombre d'entre elles lui apportent la motivation d'honorer son engagement jour après jour.

La liste que je vous demande de dresser lors de cette étape vous servira d'inspiration les jours où vous vous sentirez prêt à abandonner. Relisez-la chaque fois que vous voudrez connaître précisément les avantages à tirer de l'élimination de vos vaches. Ayez-la toujours avec vous et servez-vous-en comme d'une source illimitée de motivation et d'encouragement.

Établissez de nouveaux modèles de comportement

J'aime énormément faire du jardinage. C'est une expérience que je trouve à la fois relaxante et revigorante, surtout quand je reviens d'un voyage d'affaires, d'un séminaire ou d'une tournée de promotion de mes livres.

Il y a quelque temps, j'ai vécu une *expérience de jardinage* que j'utilise depuis lors pour illustrer combien il est important d'établir de nouveaux modèles de comportement. Dans notre cour arrière traînait un beau, gros pot rempli de mauvaises herbes. Ma femme voulait que j'en fasse bon usage ou que je m'en débarrasse. Incapable de laisser passer l'occasion de sauver ce vieux pot, je le préparai à recevoir un beau rosier. Ayant désherbé, j'aérai la terre et lui donnai les éléments nutritifs appropriés. Cette opération ne se fait pas en l'espace d'une journée – en tout cas pas en ce qui me concerne. Quoi qu'il en soit, avant d'arriver à la phase de plantation, je dus partir quelques jours en voyage.

Environ deux semaines plus tard, m'apprêtant à planter mon rosier, je retrouvai le pot rempli de mauvaises herbes. Je n'arrivais pas à comprendre comment celles-ci avaient pu pousser si vite. De nouveau, je désherbai et préparai la terre avec l'intention de planter le rosier dans le courant de la fin de semaine. Cependant, un voyage d'affaires imprévu m'obligea de nouveau à laisser ma tâche inachevée.

À mon retour de voyage, les mauvaises herbes ayant recommencé à poindre dans le pot, je compris que je devais planter le rosier le jour même. Je savais que tant que mon pot ne contiendrait que de la terre, les mauvaises herbes y pousseraient. Pour faire en sorte qu'elles n'envahissent pas le pot, je devais planter quelque chose. Et le résultat n'était pas pour autant assuré. Tant qu'il y aurait de l'espace, elles tenteraient de se frayer une place, quitte à étouffer la plante. C'est le phénomène de lutte pour la survie ; et il ne s'agit pas d'un combat du bien contre le mal. La plante capable de pousser le plus vite étouffe l'autre. C'est aussi simple que cela.

Il en est de même en ce qui concerne nos excuses. Notre esprit est comparable à ce pot. Nous pouvons choisir d'y planter le type de pensée de notre choix. Nous pouvons planter un rêve ou planter une excuse.

Si, ayant suivi les étapes exposées jusqu'ici, vous décidez de vous débarrasser de certains comportements autodestructeurs, excuses et mauvaises habitudes, voilà qui est déjà très bien. Bravo ! Mais méfiez-vous. Si vous ne plantez pas de nouvelles idées, de nouvelles croyances stimulantes et des comportements positifs, soyez certain que les vieilles mauvaises herbes réapparaîtront aussitôt.

Comment faire ? Définissez un nouveau modèle de comportement qui vous permette de régler efficacement le sort des vaches qui pourraient redonner signe de vie. Restez vigilant et rappelez-vous comment elles se sont introduites dans votre existence. Earl Nightingale a écrit que l'on est ce à quoi l'on pense la plupart du temps. Si vous pensez à vos défauts et à vos limites, ils deviennent votre réalité. Assurez-vous de ne jamais leur donner l'occasion de se frayer une place dans le jardin de votre inconscient.

Voilà pourquoi il est essentiel que vous écriviez à côté de chacune des vaches que vous avez repérées au moins une mesure précise que vous pensez appliquer afin de vous en débarrasser une fois pour toutes. Inscrivez aussi votre plan d'attaque dans le cas où la vache réapparaîtrait.

Par exemple, si vous entretenez une vache de type « Je ne peux pas faire telle chose ; je suis trop vieux », dès maintenant, chaque fois que vous formulez ces mots ou que cette pensée commence à se former dans votre esprit, vous devez immédiatement l'interrompre en disant quelque chose comme « Je vais mettre à profit toutes mes connaissances et années d'expérience afin de cerner la question rapidement ».

Si vous avez une réponse toute prête comme celle-ci pour chacune de vos vaches, vous verrez que vous réussirez assez rapidement à en éliminer la plupart, sinon toutes dans le meilleur des scénarios, et ce, pour toujours.

CHAPITRE 9

Maintenir une zone exempte de vaches

J'ai toujours su que je devrais faire davantage d'exercice, mais je me trouvais toujours des tas d'excuses, dont ma préférée « Je n'ai pas un moment de libre ». Je passais mon temps à expliquer aux autres que mon travail, mes études et mes activités sociales occupaient chaque minute de ma journée – même si j'exagérais un peu. J'avais aussi recours à toute une série de vaches plus crédibles comme celles-ci : « Ce n'est pas que je sois complètement sédentaire ; je ne peux pas me permettre un abonnement au gymnase ; je suis en si mauvaise forme physique qu'avant de me lancer, je dois consulter un médecin afin qu'il me conseille un programme adapté à mes besoins, et comme je manque de temps ... » Finalement, j'ai décidé que je ne faisais que me leurrer. En disant que je n'avais pas le temps de faire de l'exercice, j'affirmais ne pas accorder assez d'importance à ma santé pour faire de cette activité une priorité quotidienne. J'ai pris la décision de tuer cette vache et de trouver le temps. Je me sentais toujours fatiguée. Maintenant, depuis plusieurs mois que je m'adonne à la marche et au vélo et que je fréquente le gymnase trois ou quatre fois par semaine, j'ai redoublé d'énergie. J'ai perdu du poids et, ce qui est plus important encore, c'est que je suis bien dans ma peau, pas seulement parce que je sais de l'exercice, mais parce que j'ai trouvé le courage de me libérer de cette excuse et de rester fidèle à ma décision.

– HELEN OWENS, ONTARIO, AU CANADA

Quel est le résultat final d'une vie dans un environnement dépourvu de vaches ? Si l'on pouvait poser cette question à Galilée, scientifique des plus connus de tous les temps, il répondrait probablement « une vie de vérité », car si les vaches sont des mensonges, comme nous avons eu la chance de le voir maintes fois au cours de ce livre, vivre en étant soumis à leur sortilège, c'est permettre à un mensonge de gouverner sa vie.

Tout comme bon nombre d'entre nous doivent lutter contre des vaches qui leur ont été transmises, Galilée dut lutter contre l'ignorance et les préjugés au nom de la connaissance et de la vérité, et son combat lui valut d'être persécuté et emprisonné. À l'école, il se disputait avec tout le monde – ses professeurs, ses camarades, les auteurs hautement estimés de ses manuels scolaires – mais surtout, il argumentait avec Aristote, grand philosophe grec, mort depuis près de deux mille ans.

Et pourquoi donc ? Parce qu'au cours de ces deux millénaires, pas grand-chose n'avait changé dans le domaine de la science, principalement du fait que les idées d'Aristote sur la nature demeuraient les seuls points de vue acceptables. Aristote avait toujours raison et personne ne mettait en doute la validité de ses théories. Pas besoin de se livrer à des expériences pour les contester ou les confirmer puisqu'elles parlaient d'elles-mêmes. Galilée cependant voyait en cette acceptation aveugle des théories d'Aristote une *grosse vach*e.

Vers 1950, alors qu'il était professeur de mathématiques à l'Université de Pise, il décida de mettre à l'épreuve une des théories d'Aristote. Dans le langage actuel, il décida de tuer une vache sacrée. Tester les théories lui plaisait énormément. Après tout, c'est ainsi que celles-ci deviennent des vérités. Toutefois, il voulait surtout montrer à ses étudiants et à ses collègues que les théories d'Aristote n'étaient pas infaillibles.

Galilée choisit donc l'une des théories les plus connues de ce dernier selon qui si on laissait choir simultanément un poids de 4,5 kilos et un poids d'un demi-kilo, le poids de 4,5 kilos chutait dix fois plus rapidement que celui d'un demi-kilo. Pendant dix-huit siècles, cette théorie avait été acceptée à l'unanimité sans jamais être mise à l'épreuve. Galilée n'était pas d'accord, et il allait prouver qu'il avait raison.

Il annonça à ses élèves que deux corps qui tombent simultanément dans l'espace touchent le sol en même temps, peu importe leur poids, et que quiconque était curieux de découvrir la vérité à ce sujet était convié à une expérience le lendemain matin.

On raconte que le lendemain matin, ses élèves et quelques citoyens curieux suivirent Galilée en direction de la Tour de Pise que celui-ci escalada, muni d'un poids de 4,5 kilos et d'un autre d'un demi-kilo. La foule attendait au pied de la tour.

Qui serait vainqueur, l'ancien sage de Grèce ou ce rebelle de Pise âgé de vingt-cinq ans ? La foule marmonnait et donnait son avis – réaction typique lorsque quelqu'un ose tuer une vache. « Il va échouer », disait-on. « Il est fou. » « Qui peut en savoir plus qu'Aristote ? »

Galilée s'approcha de la corniche ; la foule recula. Étendant les bras, il laissa choir les poids qu'il tenait dans chaque main. Les deux poids tombèrent en chute libre, s'abattant sur le sol exactement en même temps.

En l'espace de quelques secondes, deux mille ans d'ignorance avaient été engloutis par la vérité et une nouvelle ère de pensée scientifique avait débuté.

Que pourra-t-il bien se produire lorsque vous déciderez de braver vos vaches et de vous en débarrasser ? Je crains qu'il ne vous faille lancer le processus, tout comme Galilée, pour le savoir. Je vous promets cependant que votre vie ne sera jamais la même.

Voyez-vous, lorsque vous balayez toutes les excuses, vous acceptez l'entière responsabilité de votre succès. Vous devenez l'architecte de votre propre destin. Pour connaître le succès, il ne suffit pas de vouloir réussir, de manifester de bonnes intentions et de caresser des rêves grandioses. Pour chaque grande idée qui a changé le cours de l'humanité, il y en a eu des milliers d'autres qui ne se sont jamais matérialisées parce que leurs auteurs n'avaient pas projeté de les mettre à exécution ou n'avaient tout simplement peut-être jamais conçu de plan. Leur vache ? *L'inaction.*

La première étape pour surmonter la complaisance et la médiocrité consiste à éradiquer toute excuse qui nous empêche d'agir de façon immédiate et décisive. Selon l'auteur John Mason, tout le monde est en mouvement. Les gens progressent, régressent ou piétinent. L'erreur que font la plupart, c'est de penser que le principal objectif dans la vie, c'est de s'occuper.

Cependant, ce qui est importe, ce n'est pas de vous tenir occupé, mais de faire en sorte que vos actions vous entraînent dans la direction de vos objectifs et de vos rêves.

Si vous avez suivi les étapes exposées au chapitre précédent, vous disposez maintenant d'un plan d'action pour vous débarrasser de toutes les croyances limitatives qui vous empêchaient de réaliser votre véritable potentiel. Il ne vous reste plus qu'à le mettre en pratique.

Ne perdez pas votre temps à examiner et à analyser les problèmes que vous pourriez rencontrer. Certaines personnes planifient et répètent leurs propres échecs en perdant du temps à imaginer le pire. Les gens qui accomplissent les plus grands exploits acceptent les risques qui sont souvent inhérents à la quête du succès. Avoir le courage et l'impulsion nécessaires, et comprendre que tout rêve grandiose requiert une action immédiate, voilà ce qui fait la différence entre les gagnants et les perdants.

Dans le jeu de la vie, on est soit un joueur, soit un spectateur. Les gagnants sont bien plus que de simples participants ; ils sont entièrement dévoués à leurs objectifs. Ils ne se trouvent pas d'excuses. Peu importe la nature de votre vache, il n'y a qu'une façon infaillible de vous en débarrasser : par l'*action*.

Ne passez pas à côté de la vie. Libérez-vous de vos vaches, et assurez-vous de ne pas finir comme ces personnes qui en fin de parcours ne pourront que repenser avec regret et tristesse à toutes les occasions qu'elles ont laissé filer.

J'ai entendu un jour une définition de l'enfer tellement terrifiante qu'elle m'a poussé à agir. C'était quelque chose comme : l'enfer, c'est d'arriver à la fin de sa vie et se trouver face à face avec la personne que l'on aurait pu devenir. Voilà sujet à réflexion.

Entreprenez toute nouvelle aventure avec un enthousiasme renouvelé. Défiez la norme. Dérogez à quelques règles. Les inquiétudes, les craintes et les doutes ne sont que des vaches qui tentent de vous dérober vos rêves et de vous retenir dans une vie de médiocrité. N'oubliez jamais que ce ne sont pas les échecs qui vous empêchent de réussir, mais la médiocrité.

Dans mon livre intitulé *Geniuses Aren't Born, They're Made*, je parle de William James que l'on considère comme le père de la psychologie moderne aux États-Unis. Faisant allusion aux vaches en général, ce dernier a affirmé ce qui suit : « La plupart d'entre nous ont l'impression d'avoir l'habitude de vivre sous le poids d'une sorte de nuage, en deçà de leur meilleur niveau de clarté de discernement, de sûreté de raisonnement et de fermeté de décision. »

M. James a remarqué qu'en comparaison de ce que nous *pourrions* accomplir, nous agissons presque comme si nous n'étions qu'à moitié conscients. Nous sommes certainement capables d'exploits et pourtant, nos réalisations sont généralement décevantes. Et pas parce que nous manquons d'aptitudes, mais tout simplement parce que nous avons permis à des limites, à de fausses croyances et à d'innombrables autres vaches que nous nous sommes auto-imposées de miner notre véritable potentiel.

Je vous invite donc à relever ce défi. Vivez une vie « exempte de vaches ». Vivez de façon à rendre tous vos rêves réalisables et n'acceptez aucune limite quant à vos capacités. Ne vous contentez pas de paître, mais partez en quête de rêves grandioses et atteignez le succès !

Table des matières